COLLECTION
FOLIO/THÉÂTRE

Nathalie Sarraute

Pour un oui
ou pour un non

Édition présentée, établie et annotée
par Arnaud Rykner

Gallimard

PRÉFACE

On entend souvent dire que l'art a
pour charge d'*exprimer l'inexprimable* : c'est
le contraire qu'il faut dire (sans nulle
intention de paradoxe) : toute la tâche
de l'art est d'*inexprimer l'exprimable*, d'en-
lever à la langue du monde, qui est la
pauvre et puissante langue des passions,
une parole *autre*, une parole *exacte*.

ROLAND BARTHES *(Essais critiques)*

DES ŒUFS DE MOUCHES

*Inexprimer l'exprimable, faire entendre la voix de ce
qui parvenu à la surface du langage finit par s'y engluer,
c'est précisément la tâche que s'est donnée Nathalie
Sarraute. Depuis 1932 et la rédaction des premiers
« Tropismes », l'écrivain s'est attelé à un long, difficile
et minutieux travail, visant à défaire patiemment les
constructions mensongères ou simplement illusoires de la
« langue du monde ». Parce qu'il lui a toujours semblé
que les mots figent nécessairement ce qu'ils touchent et
recouvrent, il lui faut sans cesse réchauffer les paroles*

que la routine inauthentique de la « communication »
gèle en plein vol, à peine prononcées. Et comme Panta-
gruel, dans le Quart Livre *de Rabelais*[1]*, son lecteur est*
invité à écouter les lambeaux de phrase qu'elle a captés,
et qui nous reviennent comme amplifiés de leur long
séjour dans les glaces du quotidien.

La différence avec la parabole rabelaisienne, c'est que
les combats qu'elle nous relate ainsi, par réfraction,
n'ont apparemment rien de spectaculaire. On n'y entend
ni chocs d'armes ni heurts d'armures, ni caparaçons « et
autre vacarme guerrier[2] *». Ce qu'elle nous donne à voir,*
ce ne sont, apparemment, que des petits riens, ennuyeux
pour tous ceux qui rêvent d'affrontements grandioses,
de Frère Jean ou de Napoléon. Mais ces petits riens, à les
observer de près, ont toute la violence des champs de
bataille, sans en avoir la grandiloquence. En écrivant
sur des riens — « ce qui s'appelle rien… », comme le dit
H. 2 au seuil de Pour un oui ou pour un non, *ou*
comme le font d'autres personnages de l'auteur[3] *—,*
Nathalie Sarraute crève l'écran de la parole ; elle nous
montre que ce qui grouille derrière les mots ressemble fort
à la « vraie vie » dont parlait Rimbaud, absente parce
qu'on ne sait pas la saisir.

De ce point de vue, Pour un oui ou pour un non
représente l'aboutissement d'un parcours qui n'est pas
seulement chronologique. La sixième pièce de l'écrivain
témoigne d'un épurement progressif des processus de
dévoilement du « tropisme » — cette émotion infime, ce
petit malaise innommable, *cause de la déflagration*
souterraine qui fait la matière du drame sarrautien.

---

1. Rabelais, *Quart Livre*, chap. 56.
2. *Ibid.*
3. Voir p. 25 et la note 1.

*Deux amis se retrouvent, après une assez longue sépara-
tion, provoquée mystérieusement par une phrase mal-
heureuse de l'un des deux. L'action se concentre ainsi
autour d'une simple formule qui tire son sens non de ce
qu'elle est supposée signifier, mais de ce qu'elle connote
de façon évidente :*

H. 2 : [...] tu m'as dit il y a quelque temps... tu
m'as dit... quand je me suis vanté de je ne sais plus
quoi... de je ne sais plus quel succès... oui... dérisoire... quand je t'en ai parlé... tu m'as dit : « C'est
bien... ça... » [...]

H. 1 : [...] je t'aurais dit : « C'est bien, ça ? »

H. 2, *soupire* : Pas tout à fait ainsi... il y avait entre
« C'est bien » et « ça » un intervalle plus grand :
« C'est biiien... ça... » Un accent mis sur « bien »...
un étirement : « biiien... » et un suspens avant que
« ça » arrive... (p. 26-27).

*Autrement dit, Nathalie Sarraute se détourne délibé-
rément des grands mouvements logiques du théâtre tra-
ditionnel pour ne retenir précisément qu'un « suspens »
du dialogue : elle arrête doublement l'action en se foca-
lisant sur cette immobilisation éphémère du discours.
La « conversation » banale qu'on croyait saisir, avant
d'écouter vraiment ce qu'elle dit, est proprement dérou-
tée, et le théâtre avec elle. Dans* Isma *(1970), l'auteur
s'était, certes, déjà intéressé aux effets de telle ou telle pro-
nonciation, mais il ne s'agissait que d'une manière affec-
tée de déformer les mots en « -isme » (« communisma »,
« structuralisma ») ; le sens lui-même n'était pas menacé
par l'énonciation. Dans* Pour un oui ou pour un
non, *au contraire, le sens bascule à cause de l'intona-*

*tion retenue. L'ironie (le décalage entre ce qui est dit et
ce qui est signifié) s'avère alors aux racines mêmes du
théâtre, qui déplace l'action vers les entours du texte.
En un sens héritière de Marivaux, qui, comme elle, et
au grand dam des amateurs de tragédies tonitruantes,
« [pesait] des œufs de mouches dans des balances de toiles
d'araignées[1] », Nathalie Sarraute l'est aussi de Diderot.
En préférant, de fait, contre l'avis de la plupart de ses
contemporains, substituer à la conception usuelle du
langage ce qu'on nommerait aujourd'hui la «pragma-
tique», celui-ci posa, à sa façon, les fondements d'une
dramaturgie du tropisme :*

[…] dans l'écrivain le plus clair, le plus précis, le
plus énergique, les mots ne sont et ne peuvent être
que des signes approchés d'une pensée, d'un senti-
ment, d'une idée; signes dont le mouvement, le
geste, le ton, le visage, les yeux, la circonstance donnée, complètent la valeur[2].

*La différence évidente avec le théâtre et la réflexion de
Diderot est que, dans* Pour un oui ou pour un non, *le* « ton », *la* «circonstance donnée» *ne sont pas seulement un moyen d'accompagner le drame, ou de* «com-
pléter» *le dialogue : ils sont l'origine et la fin de l'action.
Tout part du* «C'est biiien… ça… », *et tout y revient
sans cesse, comme si le monde des deux personnages
devait s'abîmer dans la fracture provoquée par l'intonation. Paradoxalement, c'est alors seulement que la
parole semble retrouver toutes ses prérogatives, du moins*

1. L'expression, on le sait, est de Voltaire.
2. *Paradoxe sur le comédien*, coll. «Folio classique», p. 36-37.

*tant que H. 1 croit aux vertus curatives du langage et à
sa capacité à réparer les torts qu'il a causés.*

LA MEILLEURE ET LA PIRE DES CHOSES...

*Ainsi la pièce commence-t-elle par l'exhortation répétée
du personnage, qui veut convaincre son ami de mettre
au clair leurs sentiments — de les mettre en ordre en les
mettant en mots :*

H. 2 : [...] ... Alors... que veux-tu que je te
dise ! [...]
H. 1 : [...] Pourquoi ne veux-tu pas le dire ? [...]
Pourquoi ? Dis-moi pourquoi ? [...] Dis-le... tu me
dois ça... (p. 24-25).

*La quête vire très tôt à l'enquête, mais se veut au départ
véritable thérapie, comme si la parole gardait son pouvoir
de dénouer les conflits et de guérir les plaies qu'elle a elle-
même ouvertes (« dis-le... [...] ça ne peut que nous faire
du bien... », p. 29). Comme dans* Le Silence *(1964)
ou* Le Mensonge *(1966), le drame puise aux sources
de la cure psychodramatique, à cette différence essentielle
près que le « patient » et son « thérapeute » se retrouvent
seuls, face à face, alors qu'ils étaient jusque-là entourés
par des tiers auxiliaires. Ainsi utilisé, le verbe semble
faire son office ; il provoque d'abord la remontée des sou-
venirs, obligeant les protagonistes à fouiller leur passé :*

H. 2 : Moi, par contre, il y a des choses que je
n'oublie pas. Tu as toujours été très chic... il y a eu
des circonstances...

H. 1 : Oh qu'est-ce que c'est? Toi aussi, tu as toujours été parfait… un ami sûr… Tu te souviens
comme on attendrissait ta mère?…

H. 2 : Oui, pauvre maman… Elle t'aimait bien…
elle me disait : «Ah lui, au moins, c'est un vrai
copain, tu pourras toujours compter sur lui.» C'est
ce que j'ai fait, d'ailleurs (p. 23-24).

*Le problème est que cette mémoire idyllique n'est au
plus qu'une mémoire-écran, qui cache une autre mémoire,
traumatique celle-là, qui doit, elle, longuement cheminer
avant de remonter à la surface et de se substituer à la
première :*

H. 1 : […] Tiens, moi aussi, puisque nous en
sommes là, il y a des scènes dont je me souviens… il
y en a une surtout… tu l'as peut-être oubliée…
c'était du temps où nous faisions de l'alpinisme…
[…]

H. 2 : Ah oui. Je m'en souviens… J'ai eu envie de
te tuer.

H. 1 : Et moi aussi. Et tous les autres, s'ils avaient
pu parler, ils auraient avoué qu'ils avaient envie de
te pousser dans une crevasse… (p. 43-44).

*Mais c'est du fond de la crevasse, précisément, que
semblent à présent crier les voix dont le dialogue se fait
l'écho. La cure langagière, tant attendue par le naïf
H. 1, vire au cauchemar. Ce que la parole met au jour,
ce n'est pas une «scène primitive» avec laquelle il serait
finalement possible de cohabiter, après l'avoir identifiée;
c'est un enchevêtrement sans fin de scènes infiniment
rejouées sans pouvoir être vraiment élucidées. Comme la*

taupe qui hante le jardin de H. 1, le tropisme ne se lais-
sera jamais saisir :

H. 2 : [...] Ça te fait peur : quelque chose d'inconnu, peut-être de menaçant, qui se tient là,
quelque part, à l'écart, dans le noir... une taupe qui
creuse sous les pelouses bien soignées où vous vous
ébattez... (p. 46).

Si le dialogue échoue à dénouer la crise qui couvait
entre les deux amis, s'il ne fait même que l'aggraver,
c'est que l'inconnu ne peut se réduire au connu (aux
catégories du langage, à tout ce que l'on met entre guille-
mets : les «poètes», les «ratés», la «condescendance»).
Le rêve de transparence avorte, et la rencontre se clôt sur
une obscurité toujours plus profonde et sans issue :

H. 2 : [...] Oui. Ou non.
H. 1 : Oui.
H. 2 : Non !

Comment la thérapie initialement souhaitée par H. 1
a-t-elle ainsi pu tourner à l'affrontement de «deux
camps ennemis» (p. 45) ? On remarquera que seul H. 1
met d'abord quelque espoir dans l'échange qu'il tente
d'engager avec son partenaire. H. 2, lui, sait dès le
début qu'un processus tragique est engagé («en parler
seulement, évoquer ça... ça peut vous entraîner...»,
p. 25). Il a déjà vécu l'histoire, il sait déjà qu'un
«procès» est à la clef, dont il ressortira définitive-
ment condamné, et leur amitié exécutée. Ainsi, lorsqu'il
fait appel au jugement de ses voisins, H. 3 et F., il
ne fait que replonger dans le fantasme de sa première

comparution (« *On a su qu'il m'est arrivé de rompre pour de bon avec des gens très proches... pour des raisons que personne n'a pu comprendre... J'avais été condamné...* », p. 28) :

H. 1 : Tu vas faire une nouvelle demande ?

H. 2 : Oui. Pour voir. Et en ta présence. Tu sais, ce sera peut-être amusant...

H. 1 : Peut-être... mais à qui veux-tu qu'on demande ?

H. 2 : Oh... Pas la peine de chercher bien loin... on en trouve partout... Tiens, ici, tout près... mes voisins... des gens très serviables... des gens très bien... tout à fait de ceux qu'on choisit pour les jurys... Intègres. Solides. Pleins de bon sens. Je vais les appeler (p. 31).

Si bien que le résultat annoncé est obtenu, et H. 2 peut conclure : « Tu as vu, ils me trouvaient cinglé... et tu veux que je t'en donne une preuve encore plus évidente. » Le voilà donc irrémédiablement rangé dans la catégorie des fous, mis hors d'état de nuire par ceux-là qu'il trouvait « très serviables », à qui même il se confiait (« C'est lui [cet ami] dont vous m'avez souvent parlé ? » révèle F., p. 31) et qu'il a eu l'imprudence de convoquer. C'est peu dire qu'il y a quelque chose de kafkaïen dans la façon dont le drame se noue... Derrière l'humour, allègre, vif, tranchant, un monstre paraît souvent tapi.

RIRE OU NE PAS RIRE ?

Qu'il s'agisse de romans ou de pièces (mais c'est particulièrement frappant au théâtre où le contact est immé-

diat), il existe toujours un ou plusieurs moments où l'action des textes sarrautiens dérape et échappe aux protagonistes, d'une manière incompréhensible. Des phrases sont prononcées ou des images prennent corps qui ne laissent aucun doute sur la violence que le tropisme met en jeu. Nathalie Sarraute, d'ailleurs, n'invente rien, c'est notre portrait autant que le sien que chaque fois elle brosse : notre interlocuteur se tait avec obstination tandis qu'un instant d'égarement nous voit nous épancher (Le Silence), *notre propre enfant éprouve une indifférence flagrante pour l'œuvre que nous admirons passionnément* (Vous les entendez?, C'est beau), *notre collaborateur le plus fidèle laisse entendre son désaccord profond avec une idée que nous chérissons* (Elle est là), *ou, comme dans* Pour un oui ou pour un non, *notre plus proche ami laisse percer dans une intonation un mépris profond à notre égard — et voilà qu'en nous monte un flot irrépressible qui passe par la voix de H. 2 :*

H. 2 : Mon Dieu! et moi qui avais cru à ce moment-là… comment ai-je pu oublier? Mais non, je n'avais pas oublié… je le savais, je l'ai toujours su…

H. 1 : Su quoi? Su quoi? Dis-le.

H. 2 : Su qu'entre nous il n'y a pas de conciliation possible. Pas de rémission… C'est un combat sans merci. Une lutte à mort (p. 44-45).

Certes, H. 2 est comique dans son exaspération, mais à condition de le regarder gesticuler de loin, comme Charlot est comique à condition de ne pas voir les larmes sur son visage : comique, mais de dos seulement, c'est-

à-dire, pour gloser Genette, profondément tragique[1].
Comique, l'univers de Nathalie Sarraute l'est parce qu'il
grossit *certaines situations pour les rendre plus visibles ;*
mais il ne les crée pas de toutes pièces, ni ne les déforme.
La conversation tente maladroitement de recouvrir l'hor-
reur de la sous-conversation. Mais celle-ci resurgit par
ses failles : l'écrivain la donne ainsi à voir en la lais-
sant grandir, alors que la vie sociale parvient à peu près
à la maîtriser. Nous évoquions le caractère kafkaïen de
certains passages, car il y a bien du Kafka chez Natha-
lie Sarraute, un Kafka qui se retrancherait derrière
l'alibi du sous-texte *pour faire passer l'absurdité d'un*
monde où déferle une cruauté anonyme et aveugle. Le
narrateur de Martereau *(1953) n'avait déjà pas de*
mal à rapprocher le supplice qu'il endurait et l'exécution
de K :

« On dirait la scène finale du *Procès* de Kafka »…
comme cela m'a traversé l'esprit, tout à coup, ce
jour-là, quand nous visitions la villa de banlieue,
quand nous marchions tous les trois, mon oncle et
Martereau m'encadrant de chaque côté, dans l'allée
qui menait à la maison… « Les Messieurs »… ils me
faisaient penser à eux avec leur démarche tranquille, un peu cadencée, leurs longs pardessus de
ville légèrement cintrés à la taille, leurs chapeaux de
feutre sombre à bords roulés, et la douceur têtue,
implacable et un peu sucrée avec laquelle ils me
conduisaient […] « Les Messieurs »… Martereau
était celui des deux qui dirigeait l'opération. Marte-

1. Cf. Gérard Genette, *Palimpsestes*, IV (1982, coll. « Points »,
Seuil, 1992, p. 27) : « Le comique n'est qu'un tragique vu de dos. »

reau savait où il me menait : pas d'histoires, pas de simagrées, inutile de regimber[1].

*Et tandis que le narrateur d'*Entre la vie et la mort, *double fictionnel de l'auteur, est comparé à l'écrivain tchèque[2], on ne s'étonne guère de retrouver « Les Messieurs » dans une autre évocation du* Procès *où se dessine confusément ce qui deviendra la substance de* Pour un oui ou pour un non :*

On connaît cet univers où ne cesse de se jouer un jeu de colin-maillard sinistre, où l'on avance toujours dans la fausse direction, […] où les questions ne reçoivent pas de réponse, où « les autres » ce sont ceux qui vous jettent dehors […], ceux qui, comme fit Klamm avec l'hôtelière, un beau jour, — et sans que des années et des années, toute une vie de réflexion anxieuse, vous permettent jamais de comprendre « pourquoi c'est arrivé » — rompent avec vous tout rapport en ne vous « faisant plus appeler et ne vous feront jamais appeler » […]. Ces « messieurs » […] avec qui vous ne pourrez créer une sorte de rapport qu'en « figurant sur un procès-verbal » qu'ils ne liront probablement jamais, mais qui, du moins, « sera classé dans leurs archives », n'ont, de leur côté, de vous qu'une connaissance distante, à la fois générale et précise, comme celle qui peut figurer sur les fichiers d'une administration pénitentiaire[3].

1. *Martereau*, coll. « Folio », p. 202-203.
2. *Entre la vie et la mort*, coll. « Folio », p. 78.
3. *L'Ère du soupçon*, coll. « Folio Essais », p. 49-51.

Des «Messieurs» qui toujours veillent, dans une société régie par la loi du verbe, des «Messieurs» qui donnent ou refusent les autorisations, qui dressent des listes, inventent des casiers judiciaires :

H. 1 : Et alors ? Qu'est-ce qu'ils t'ont dit ?

H. 2 : Alors… c'était à prévoir… Mon cas n'était pas le seul, du reste. Il y avait d'autres cas du même ordre : entre parents et enfants, entre frères et sœurs, entre époux, entre amis…

H. 1 : Qui s'étaient permis de dire «C'est bien… ça» avec un grrrand suspens ?

H. 2 : Non, pas ces mots… mais d'autres, même plus probants… Et il n'y a rien eu à faire : tous déboutés. Condamnés aux dépens. Et même certains, comme moi, poursuivis…

H. 1 : Poursuivi ? Toi ?

H. 2 : Oui. À la suite de cette demande, on a enquêté sur moi et on a découvert… […] J'avais été condamné… sur leur demande… par contumace… Je n'en savais rien… J'ai appris que j'avais un casier judiciaire où j'étais désigné comme «Celui qui rompt pour un oui ou pour un non». Ça m'a donné à réfléchir… (p. 27-28).

«Donner à réfléchir» tout en prêtant à rire, c'est peut-être le pari que relève l'ensemble de la pièce : le rire naît de l'amplification des petits conflits qui nous déchirent silencieusement, et qu'il rend visibles et acceptables. Car l'exagération, en un sens, rassure. Mais on ne pourra s'empêcher de penser que les petits «riens» que Nathalie Sarraute observe dans les failles du langage font peur. Ils contribuent obscurément, impunément, à défaire

l'harmonie du logos et à réveiller les forces les plus obscures du préconscient.

H. 2 : [...] Une lutte à mort. Oui, pour la survie. Il n'y a pas le choix. C'est toi ou moi (p. 45).

Nathalie Sarraute ou « Petits meurtres entre amis » ?

ARNAUD RYKNER

Pour un oui
ou pour un non

H. 1 — H. 2 — H. 3 — F.

H. 1 : Écoute, je voulais te demander… C'est un peu pour ça que je suis venu… je voudrais savoir… que s'est-il passé ? Qu'est-ce que tu as contre moi ?

H. 2 : Mais rien… Pourquoi ?

H. 1 : Oh, je ne sais pas… Il me semble que tu t'éloignes… tu ne fais plus jamais signe… il faut toujours que ce soit moi…

H. 2 : Tu sais bien : je prends rarement l'initiative, j'ai peur de déranger.

H. 1 : Mais pas avec moi ? Tu sais que je te le dirais… Nous n'en sommes tout de même pas là… Non, je sens qu'il y a quelque chose…

H. 2 : Mais que veux-tu qu'il y ait ?

H. 1 : C'est justement ce que je me demande. J'ai beau chercher… jamais… depuis tant d'années… il n'y a jamais rien eu entre nous… rien dont je me souvienne…

H. 2 : Moi, par contre, il y a des choses que je

n'oublie pas. Tu as toujours été très chic… il y a
eu des circonstances…

H. 1 : Oh qu'est-ce que c'est ? Toi aussi, tu as
toujours été parfait… un ami sûr… Tu te souviens
comme on attendrissait ta mère ?…

H. 2 : Oui, pauvre maman… Elle t'aimait bien…
elle me disait : « Ah lui, au moins, c'est un vrai
copain, tu pourras toujours compter sur lui. »
C'est ce que j'ai fait, d'ailleurs.

H. 1 : Alors ?

H. 2, *hausse les épaules* : … Alors… que veux-tu
que je te dise !

H. 1 : Si, dis-moi… je te connais trop bien : il y
a quelque chose de changé… Tu étais toujours
à une certaine distance… de tout le monde, du
reste… mais maintenant avec moi… encore l'autre
jour, au téléphone… tu étais à l'autre bout du
monde… ça me fait de la peine, tu sais…

H. 2, *dans un élan* : Mais moi aussi, figure-toi…

H. 1 : Ah tu vois, j'ai donc raison…

H. 2 : Que veux-tu… je t'aime tout autant, tu
sais… ne crois pas ça… mais c'est plus fort que
moi…

H. 1 : Qu'est-ce qui est plus fort ? Pourquoi ne
veux-tu pas le dire ? Il y a donc eu quelque
chose…

H. 2 : Non… vraiment rien… Rien qu'on puisse
dire…

H. 1 : Essaie quand même…

H. 2 : Oh non… je ne veux pas…

H. 1 : Pourquoi ? Dis-moi pourquoi ?

H. 2 : Non, ne me force pas…

H. 1 : C'est donc si terrible ?

H. 2 : Non, pas terrible… ce n'est pas ça…

H. 1 : Mais qu'est-ce que c'est, alors ?

H. 2 : C'est… c'est plutôt que ce n'est rien… ce qui s'appelle rien[1]… ce qu'on appelle ainsi… en parler seulement, évoquer ça… ça peut vous entraîner… de quoi on aurait l'air ? Personne, du reste… personne ne l'ose… on n'en entend jamais parler…

H. 1 : Eh bien, je te demande au nom de tout ce que tu prétends que j'ai été pour toi… au nom de ta mère… de nos parents… je t'adjure solennellement, tu ne peux plus reculer… Qu'est-ce qu'il y a eu ? Dis-le… tu me dois ça…

H. 2, *piteusement* : Je te dis : ce n'est rien qu'on puisse dire… rien dont il soit permis de parler…

H. 1 : Allons, vas-y…

H. 2 : Eh bien, c'est juste des mots…

H. 1 : Des mots ? Entre nous ? Ne me dis pas qu'on a eu des mots… ce n'est pas possible… et je m'en serais souvenu…

H. 2 : Non, pas des mots comme ça… d'autres mots… pas ceux dont on dit qu'on les a « eus »… Des mots qu'on n'a pas « eus », justement… On ne sait pas comment ils vous viennent…

H. 1 : Lesquels ? Quels mots ? Tu me fais languir… tu me taquines…

H. 2 : Mais non, je ne te taquine pas… Mais si je te les dis…

H. 1 : Alors ? Qu'est-ce qui se passera ? Tu me dis que ce n'est rien…

H. 2 : Mais justement, ce n'est rien… Et c'est à cause de ce rien…

H. 1 : Ah on y arrive… C'est à cause de ce rien

que tu t'es éloigné ? Que tu as voulu rompre avec moi ?

H. 2, *soupire* : Oui… c'est à cause de ça… Tu ne comprendras jamais… Personne, du reste, ne pourra comprendre…

H. 1 : Essaie toujours… Je ne suis pas si obtus…

H. 2 : Oh si… pour ça, tu l'es. Vous l'êtes tous, du reste.

H. 1 : Alors, chiche… on verra…

H. 2 : Eh bien… tu m'as dit il y a quelque temps… tu m'as dit… quand je me suis vanté de je ne sais plus quoi… de je ne sais plus quel succès… oui… dérisoire… quand je t'en ai parlé… tu m'as dit : « C'est bien… ça[1]… »

H. 1 : Répète-le, je t'en prie… j'ai dû mal entendre.

H. 2, *prenant courage* : Tu m'as dit : « C'est bien… ça… » Juste avec ce suspens… cet accent…

H. 1 : Ce n'est pas vrai. Ça ne peut pas être ça… ce n'est pas possible…

H. 2 : Tu vois, je te l'avais bien dit… à quoi bon ?…

H. 1 : Non mais vraiment, ce n'est pas une plaisanterie ? Tu parles sérieusement ?

H. 2 : Oui. Très. Très sérieusement.

H. 1 : Écoute, dis-moi si je rêve… si je me trompe… Tu m'aurais fait part d'une réussite… quelle réussite d'ailleurs…

H. 2 : Oh peu importe… une réussite quelconque…

H. 1 : Et alors je t'aurais dit : « C'est bien, ça ? »

H. 2, *soupire* : Pas tout à fait ainsi… il y avait entre « C'est bien » et « ça » un intervalle plus grand :

« C'est biiien… ça… » Un accent mis sur « bien »… un étirement : « biiien… » et un suspens avant que « ça » arrive… ce n'est pas sans importance.

H. 1 : Et ça… oui, c'est le cas de le dire… ce « ça » précédé d'un suspens t'a poussé à rompre…

H. 2 : Oh… à rompre… non, je n'ai pas rompu… enfin pas pour de bon… juste un peu d'éloignement.

H. 1 : C'était pourtant une si belle occasion de laisser tomber, de ne plus jamais revoir un ami de toujours… un frère… Je me demande ce qui t'a retenu…

H. 2 : C'est que ce n'est pas permis. Je n'ai pas eu l'autorisation.

H. 1 : Ah ? tu l'avais demandée ?

H. 2 : Oui, j'ai fait quelques démarches…

H. 1 : Auprès de qui ?

H. 2 : Eh bien, auprès de ceux qui ont le pouvoir de donner ces permissions. Des gens normaux, des gens de bon sens, comme les jurés des cours d'assises, des citoyens dont on peut garantir la respectabilité[1]…

H. 1 : Et alors ? Qu'est-ce qu'ils t'ont dit ?

H. 2 : Alors… c'était à prévoir… Mon cas n'était pas le seul, du reste. Il y avait d'autres cas du même ordre : entre parents et enfants, entre frères et sœurs, entre époux, entre amis…

H. 1 : Qui s'étaient permis de dire « C'est bien… ça » avec un grrrand suspens ?

H. 2 : Non, pas ces mots… mais d'autres, même plus probants… Et il n'y a rien eu à faire : tous déboutés. Condamnés aux dépens. Et même certains, comme moi, poursuivis…

H. 1 : Poursuivi ? Toi ?

H. 2 : Oui. À la suite de cette demande, on a enquêté sur moi et on a découvert…

H. 1 : Ah ? Quoi ? Qu'est-ce que je vais apprendre ?

H. 2 : On a su qu'il m'est arrivé de rompre pour de bon avec des gens très proches… pour des raisons que personne n'a pu comprendre… J'avais été condamné… sur leur demande… par contumace… Je n'en savais rien… J'ai appris que j'avais un casier judiciaire où j'étais désigné comme « Celui qui rompt pour un oui ou pour un non ». Ça m'a donné à réfléchir…

H. 1 : C'est pour ça qu'avec moi, tu as pris des précautions… rien de voyant. Rien d'ouvert…

H. 2 : On peut me comprendre… « Rompt pour un oui ou pour un non… » Tu te rends compte ?

H. 1 : Maintenant ça me revient : ça doit se savoir… Je l'avais déjà entendu dire. On m'avait dit de toi : « Vous savez, c'est quelqu'un dont il faut se méfier. Il paraît très amical, affectueux… et puis, paf ! pour un oui ou pour un non… on ne le revoit plus. » J'étais indigné, j'ai essayé de te défendre… Et voilà que même avec moi… si on me l'avait prédit… vraiment, c'est le cas de le dire : pour un oui ou pour un non… Parce que j'ai dit : « C'est bien, ça »… oh pardon, je ne l'ai pas prononcé comme il fallait : « C'est biiiien… ça… »

H. 2 : Oui. De cette façon… tout à fait ainsi… avec cet accent mis sur le « bien »… avec cet étirement… Oui, je t'entends, je te revois… « C'est biiien… ça… » Et je n'ai rien dit… et je ne pourrai jamais rien dire…

H. 1 : Mais si, dis-le… entre nous, voyons… dis-le… je pourrai peut-être comprendre… ça ne peut que nous faire du bien…

H. 2 : Parce que tu ne comprends pas ?

H. 1 : Non, je te le répète… je l'ai sûrement dit en toute innocence. Du reste, je veux être pendu si je m'en souviens… J'ai dit ça quand ? À propos de quoi ?

H. 2 : Tu avais profité d'une imprudence… je peux dire que j'ai été te chercher…

H. 1 : Mais qu'est-ce que tu racontes ?

H. 2 : Oui. J'y suis allé. Comme ça. Les mains nues. Sans défense. J'ai eu la riche idée d'aller me vanter… j'ai voulu me valoriser… j'ai été… auprès de toi !… me targuer de je ne sais quel petit succès… j'ai essayé de grimper chez toi… j'ai voulu me hisser là-haut dans ces régions que tu habites… et tu m'as soulevé par la peau du cou, tu m'as tenu dans ta main, tu m'as tourné et retourné… et tu m'as laissé retomber[1], en disant : « C'est biiien… ça… »

H. 1 : Dis-moi, c'est ce que tu as exposé dans ta demande ?

H. 2 : Oui, à peu près… je ne m'en souviens plus très bien…

H. 1 : Et tu t'es étonné d'être débouté ?

H. 2 : Non, tu sais… en réalité, il y a longtemps que dans ce genre de choses rien ne m'étonne…

H. 1 : Tu as pourtant essayé…

H. 2 : Hé oui… le cas me semblait patent.

H. 1 : Veux-tu que je te dise ? C'est dommage que tu ne m'aies pas consulté, j'aurais pu te conseiller sur la façon de rédiger ta demande. Il y a un terme tout prêt qu'il aurait fallu employer...

H. 2 : Ah? lequel?

H. 1 : Eh bien, c'est le mot «condescendant». Ce que tu as senti dans cet accent mis sur *bien*... dans ce suspens, c'est qu'ils étaient ce qui se nomme condescendants. Je ne dis pas que tu aurais obtenu la permission de ne plus me revoir à cause de ça, mais enfin tu aurais peut-être évité la condamnation. Le ton condescendant pouvait être une circonstance atténuante. «C'est entendu, il a voulu rompre avec un pareil ami... mais enfin, on peut invoquer cette impression qu'il a eue d'une certaine condescendance...»

H. 2 : Ah? tu la vois donc? Tu la reconnais?

H. 1 : Je ne reconnais rien. D'ailleurs je ne vois pas pourquoi... comment j'aurais pu... avec toi... non vraiment, il faut que tu sois...

H. 2 : Ah non, arrête... pas ça... pas que je sois ceci ou cela... non, non, je t'en prie, puisque tu veux que nous arrivions à nous comprendre... Tu le veux toujours, n'est-ce pas?

H. 1 : Bien sûr. Je te l'ai dit, je suis venu pour ça.

H. 2 : Alors, si tu veux bien, servons-nous de ce mot...

H. 1 : Quel mot?

H. 2 : Le mot «condescendant». Admets, je t'en prie, même si tu ne le crois pas, que ça y était, oui... la condescendance. Je n'avais pas pensé à ce mot. Je ne les trouve jamais quand il le faut... mais maintenant que je l'ai, permets-moi... je vais recommencer...

H. 1 : Tu vas faire une nouvelle demande ?

H. 2 : Oui. Pour voir. Et en ta présence. Tu sais, ce sera peut-être amusant…

H. 1 : Peut-être… mais à qui veux-tu qu'on demande ?

H. 2 : Oh… Pas la peine de chercher bien loin… on en trouve partout… Tiens, ici, tout près… mes voisins… des gens très serviables… des gens très bien… tout à fait de ceux qu'on choisit pour les jurys… Intègres. Solides. Pleins de bon sens. Je vais les appeler.

> *Sort et revient avec un couple.*

Voilà… je vous présente… Je vous en prie… cela ne vous prendra pas longtemps… il y a entre nous un différend…

EUX : Oh, mais nous, vous savez, nous n'avons aucune compétence.

H. 2 : Si, si, vous en avez… Plus qu'il n'en faut. Voilà de quoi il s'agit. Mon ami, là, un ami de toujours…

F. : C'est lui dont vous m'avez souvent parlé ? Je me rappelle… quand il a été souffrant… vous étiez si inquiet…

H. 2 : Oui, c'est lui… Et c'est pour ça justement que ça me fait tant de peine.

F. : Ne me dites pas qu'entre vous… après tant d'amitié… vous m'avez toujours dit qu'il a été, à votre égard…

H. 2 : Oui, parfait. Je lui en suis reconnaissant.

F. : Alors pourquoi ?

H. 1 : Eh bien, je vais vous le dire : je lui ai, paraît-il, parlé sur un ton condescendant…

H. 2 : Pourquoi le dis-tu comme ça ? Avec cette ironie ? Tu ne veux plus faire l'essai ?

H. 1 : Mais si mais si... Je le dis sérieusement. Je l'ai vexé... il s'est senti diminué... alors, depuis, il m'évite...

EUX, *silencieux... perplexes... hochant la tête...*

F. : En effet... ça paraît... pour le moins excessif... juste un ton condescendant...

H. 3 : Mais vous savez, la condescendance, parfois...

H. 2 : Ah ? vous comprenez ?

H. 3 : Enfin... je n'irais pas jusqu'à ne plus revoir, mais...

H. 2 : Mais, mais, mais... oh, vous voyez, vous pouvez me comprendre.

H. 3 : Je n'irai pas jusqu'à dire ça...

H. 2 : Si, si, vous irez, vous verrez... permettez-moi de vous exposer... Voilà... Il faut vous dire d'abord que jamais, mais vraiment jamais je n'ai accepté d'aller chez lui...

F. : Vous n'allez jamais chez lui ?

H. 1 : Mais si, voyons... qu'est-ce qu'il raconte ?

H. 2 : Ce n'est pas de ça que je parle. J'allais le voir. Le voir, c'est vrai. Mais jamais, jamais je ne cherchais à m'installer sur ses domaines... dans ces régions qu'il habite... Je ne joue pas le jeu, vous comprenez.

H. 1 : Ah, c'est ça que tu veux dire... Oui, c'est vrai, tu t'es toujours tenu en marge...

H. 3 : Un marginal ?

H. 1 : Oui, si on veut. Mais je dois dire qu'il a toujours gagné sa vie... il n'a jamais rien demandé à personne.

H. 2 : Merci, tu es gentil… Mais où en étions-nous ? Ah oui, c'est ça, il vous l'a dit : je me tiens à l'écart. Il est chez lui. Moi je suis chez moi.

F. : C'est bien normal. Chacun sa vie, n'est-ce pas ?

H. 2 : Eh bien, figurez-vous qu'il ne le supporte pas. Il veut à toute force m'attirer… là-bas, chez lui… il faut que j'y sois avec lui, que je ne puisse pas en sortir… Alors il m'a tendu un piège… il a disposé une souricière.

TOUS : Une souricière ?

H. 2 : Il a profité d'une occasion…

F. *rit* : Une souricière d'occasion ?

H. 1 : Non, ne riez pas. Il parle sérieusement, je vous assure… Quelle souricière, dis-nous…

H. 2 : Eh bien, je l'avais félicité pour sa promotion… et il m'a dit qu'elle lui donnait… entre autres avantages… l'occasion de faire des voyages passionnants…

H. 1 : Continue. Ça devient intéressant…

H. 2 : Oui. Des voyages… et je me suis avancé plus loin que je ne le fais d'ordinaire… j'ai marqué comme une nostalgie… alors… il m'a offert d'obtenir pour moi, grâce à ses relations… j'ai fait quelques petits travaux… il m'a dit que peut-être, il pourrait demander à quelqu'un de bien placé de me proposer pour une tournée de conférences…

F., H. 3 : Eh bien, je trouve ça gentil…

H. 2 *gémit* : Oh !

F., H. 3 : Vous ne trouvez pas ça gentil ? Moi, on me proposerait…

H. 2 : À quoi bon continuer ? Je n'y arriverai pas.

H. 1 : Si, j'y tiens. Continue, je t'en prie. Ce n'était pas gentil?

H. 2 : Il faut donc tout recommencer...

H. 1 : Non. Résumons : tu aimes les voyages. Je t'ai proposé de t'obtenir une tournée...

H. 2 : Oui. Alors, vous voyez, j'avais le choix. Je pouvais... c'est ce que je fais d'ordinaire, sans même y penser... je pouvais reculer, dire : «Non, vois-tu, moi les voyages... et surtout dans ces conditions... non, ce n'est pas pour moi.» Ainsi je restais dehors. Ou alors je pouvais me laisser tenter, m'approcher de l'appât, le mordre, dire : «Eh bien, je te remercie, je serais heureux...» et j'aurais été pris et conduit à la place qui m'était assignée, là-bas, chez lui... ma juste place. C'était déjà pas mal. Mais j'ai fait mieux...

H. 1 : Tiens? tu as fait mieux?

H. 2 : Oui. J'ai dit... mais comment ai-je pu?... rien que d'y penser...

H. 1 : Je m'en souviens maintenant : tu as dit que si tu voulais, tu pourrais... qu'on t'avait proposé, dans d'excellentes conditions...

H. 2 : Oui, c'est ça... quelle honte... je me suis installé tout au fond de la cage. Comme si j'y avais toujours vécu. J'ai joué le jeu qu'on y joue. Conformément à toutes les règles. J'ai voulu aussitôt me rehausser... comme chacun fait là-bas... Sa protection, fi donc, je n'en avais pas besoin, j'avais moi aussi une place ici, chez eux... une très bonne place... je m'en flattais. Je jouais leur jeu à fond. On aurait dit que je n'avais jamais fait que ça. Alors il n'a eu qu'à me prendre... Il m'a tenu dans le creux de sa main, il m'a examiné : Voyez-

vous ça, regardez-moi ce bonhomme, il dit qu'il a
été, lui aussi, invité… et même dans de flatteuses
conditions… et comme il en est fier… voyez
comme il se redresse… ah mais c'est qu'il n'est
pas si petit qu'on le croit… il a su mériter comme
un grand… c'est biiien… ça… C'est biiiien… ça…
Oh mais qu'est-ce que vous pouvez comprendre…

H. 3 : Pas grand-chose, en effet.

F. : Moi non plus, je ne veux pas suivre… du
reste je n'ai pas le temps, il faut que je parte…
Mais il me semble que cette excitation… il a l'air
si agité… et ces idées de souricière, d'appât… Ne
vaudrait-il pas mieux…

H. 1 : Non, ne craignez rien. Laissez-nous, je
m'en charge.

> *H. 3 et F. sortent.*
> *Long silence.*

H. 1, *doucement* : Alors tu crois sérieusement que
lorsque j'ai parlé de te recommander, c'était un
piège que je te tendais ?

H. 2 : Tu m'en tends un maintenant, en tout
cas… Tu as vu, ils me trouvaient cinglé… et tu
veux que j'en donne une preuve encore plus évidente.

H. 1 : Mais non, voyons. Tu sais bien qu'entre
nous… Tu te rappelles ces plongées ? Quand tu
m'entraînais… j'aimais bien ça, c'était très exci-
tant… Est-ce que je t'ai jamais traité de cinglé ?
Écorché, peut-être, c'est vrai. Un peu persécuté…
Mais ça fait partie de ton charme… Allons, dis-
moi, vraiment, tu le crois ? Tu penses que je t'ai
tendu un piège ?

H. 2 : Oh, tendu… j'ai exagéré. Il est probable que tu ne l'as pas tendu au départ, quand tu t'es mis à parler de tes voyages… Mais après, quand tu as senti en moi ce frémissement… comme une nostalgie… un regret… alors tu t'es mis à déployer, à étaler… comme tu fais toujours quand tu étales devant moi…

H. 1 : Étaler ? moi ? Qu'est-ce que j'étale ? Est-ce que je me suis jamais vanté de quoi que ce soit ?

H. 2 : Te vanter, oh non… quelle balourdise… ça c'était bon pour moi, c'est moi qui suis allé me vanter. Je suis un gros balourd auprès de toi.

H. 1 : J'en suis flatté. Je croyais que pour ce qui est des subtilités…

H. 2 : Mais voyons, tu es bien plus subtil que moi.

H. 1 : Ah comment ? Comment plus subtil ? Comment, dis-moi…

H. 2 : Eh bien justement quand tu présentes tes étalages. Les plus raffinés qui soient. Ce qui est parfait, c'est que ça n'a jamais l'air d'être là pour qu'on le regarde. C'est quelque chose qui se trouve être là, tout naturellement. Ça existe, c'est tout. Comme un lac. Comme une montagne. Ça s'impose avec la même évidence.

H. 1 : Quoi ça ? Assez de métaphores. Qu'est-ce qui s'impose ?

H. 2 : Le Bonheur[1]. Oui. Les bonheurs. Et quels bonheurs ! Les plus appréciés. Les mieux cotés. Les bonheurs que tous les pauvres bougres contemplent, le nez collé aux vitrines.

H. 1 : Un exemple, s'il te plaît.

H. 2 : Oh je n'ai que l'embarras du choix…

Tiens, si tu en veux un, en voici un des mieux réussis... quand tu te tenais devant moi... bien carré dans ton fauteuil, ton premier-né debout entre tes genoux... l'image de la paternité comblée... tu le voyais ainsi, tu le présentais...

H. 1 : Mais dis tout de suite que je posais...

H. 2 : Je n'ai pas dit ça.

H. 1 : J'espère bien. J'étais heureux... figure-toi que ça m'arrive... et alors ça se voit, c'est tout.

H. 2 : Non, ce n'est pas tout. Absolument pas. Tu te sentais heureux, c'est vrai... comme vous deviez vous sentir heureux, Janine et toi, quand vous vous teniez devant moi : un couple parfait, bras dessus, bras dessous, riant aux anges, ou bien vous regardant au fond des yeux... mais un petit coin de votre œil tourné vers moi, un tout petit bout de regard détourné vers moi pour voir si je contemple... si je me tends vers ça comme il se doit, comme chacun doit se tendre... Et moi...

H. 1 : Ah nous y sommes. J'ai trouvé. Et toi...

H. 2 : Et moi quoi ? Qu'est-ce que j'étais ?

H. 1 : Tu... tu étais...

H. 2 : Allons, dis-le, j'étais quoi ?

H. 1 : Tu étais jaloux[1].

H. 2 : Ah nous y sommes, c'est vrai. C'est bien ce que tu voulais, c'est ce que tu cherchais, que je sois jaloux... Et tout est là. Tout est là : il te fallait que je le sois et je ne l'étais pas. J'étais content pour toi. Pour vous... Oui, mais pour vous seulement. Pour moi, je n'en voulais pas, de ce bonheur. Ni cru ni cuit... Je n'étais pas jaloux ! Pas, pas, pas jaloux. Non, je ne t'enviais pas... Mais comment est-ce possible ? Ce ne serait donc pas *le*

Bonheur? Le vrai Bonheur, reconnu partout?
Recherché par tous? Le Bonheur digne de tous
les efforts, de tous les sacrifices? Non? Vraiment?
Il y avait donc là-bas... cachée au fond de la forêt,
une petite princesse[1]...

H. 1 : Quelle forêt? Quelle princesse? Tu
divagues...

H. 2 : Bien sûr, je divague... Qu'est-ce que tu
attends pour les rappeler? «Écoutez-le, il est en
plein délire... quelle forêt?» Eh bien oui, mes
bonnes gens, la forêt de ce conte de fées où la
reine interroge son miroir : «Suis-je la plus belle,
dis-moi...» Et le miroir répond : «Oui, tu es belle,
très belle, mais il y a là-bas, dans une cabane au
fond de la forêt, une petite princesse encore plus
belle...» Et toi, tu es comme cette reine, tu ne
supportes pas qu'il puisse y avoir quelque part
caché...

H. 1 : Un autre bonheur... plus grand?

H. 2 : Non justement, c'est encore pire que ça.
Un bonheur, à la rigueur tu pourrais l'admettre.

H. 1 : Vraiment tu me surprends... Je pourrais
être si généreux que ça?

H. 2 : Oui. Un autre bonheur, peut-être même
plus grand que le tien. À condition qu'il soit
reconnu, classé, que tu puisses le retrouver sur
vos listes. Il faut qu'il figure au catalogue parmi
tous les autres bonheurs. Si le mien était celui du
moine enfermé dans sa cellule, du stylite sur sa
colonne... dans la rubrique de la béatitude des
mystiques, des saints...

H. 1 : Là tu as raison, il n'y a aucune chance que
je t'y trouve...

H. 2 : Non. Ni là, ni ailleurs. Ce n'est inscrit nulle part.

H. 1 : Un bonheur sans nom ?

H. 2 : Ni sans nom ni avec nom. Pas un bonheur du tout.

H. 1 : Alors quoi ?

H. 2 : Alors rien qui s'appelle le bonheur. Personne n'est là pour regarder, pour donner un nom… On est ailleurs… en dehors… loin de tout ça… on ne sait pas où l'on est, mais en tout cas on n'est pas sur vos listes… Et c'est ce que vous ne supportez pas…

H. 1 : Qui « vous » ? Pourquoi veux-tu absolument me mêler ?… Si c'est comme ça que tu me vois… Si c'était pour entendre ça… J'aurais mieux fait de ne pas venir.

H. 2 : Ah mais c'est qu'il faut absolument que tu viennes, hein ? pour voir… Ça t'attire… ça te tire, n'est-ce pas ? Qu'est-ce que c'est ? Est-ce toujours là, quelque part hors de nos frontières ? Ça tient toujours, cette sorte de… contentement… comme ça… pour rien… une récompense pour rien, rien, rien…

H. 1 : Cette fois vraiment je crois qu'il vaut mieux que je parte…

> *Se dirige vers la porte. S'arrête devant la fenêtre. Regarde au-dehors.*

H. 2, *l'observe un instant. S'approche de lui, lui met la main sur l'épaule* : Pardonne-moi… Tu vois, j'avais raison : voilà ce que c'est que de se lancer dans ces explications… On parle à tort et à travers… On se met à dire plus qu'on ne pense…

Mais je t'aime bien, tu sais… je le sens très fort dans des moments comme ceux-là…

H. 1 : Comme ceux-là ?

H. 2 : Oui, comme maintenant, quand tu t'es arrêté là, devant la fenêtre… pour regarder… avec ce regard que tu peux avoir… il y a chez toi, parfois, comme un abandon, on dirait que tu te fonds avec ce que tu vois, que tu te perds dedans… rien que pour ça… oui, rien que pour ça… tout à coup tu m'es proche… Tu comprends pourquoi je tiens tant à cet endroit ? Il peut paraître un peu sordide… mais ce serait dur pour moi de changer… Il y a là… c'est difficile à dire… mais tu le sens, n'est-ce pas ? comme une force qui irradie de là… de… de cette ruelle, de ce petit mur, là, sur la droite, de ce toit… quelque chose de rassurant, de vivifiant.

H. 1 : Oui… je comprends…

H. 2 : Si je ne devais plus voir ça… ce serait comme si… je ne sais pas… Oui, pour moi, tu vois… la vie est là… Mais qu'est-ce que tu as ?

H. 1 : « La vie est là… simple et tranquille… » « La vie est là, simple et tranquille… » C'est de Verlaine, n'est-ce pas[1] ?

H. 2 : Oui, c'est de Verlaine… Mais pourquoi ?

H. 1 : De Verlaine. C'est ça.

H. 2 : Je n'ai pas pensé à Verlaine… j'ai seulement dit : la vie est là, c'est tout.

H. 1 : Mais la suite venait d'elle-même, il n'y avait qu'à continuer… Nous avons quand même fait nos classes…

H. 2 : Mais je n'ai pas continué… Mais qu'est-ce

que j'ai à me défendre comme ça? Qu'est-ce qu'il y a? Qu'est-ce qui te prend tout à coup?

H. 1 : Qu'est-ce qui me prend? «Prend» est bien le mot. Oui, qu'est-ce qui me prend? C'est que tout à l'heure, tu n'as pas parlé pour ne rien dire… tu m'as énormément appris, figure-toi… Maintenant il y a des choses que même moi je suis capable de comprendre. Cette fois-ci, celui qui a placé le petit bout de lard, c'est toi.

H. 2 : Quel bout de lard?

H. 1 : C'est pourtant clair. Tout à l'heure, quand tu m'as vu devant la fenêtre… Quand tu m'as dit : «Regarde, la vie est là…» la vie est là… rien que ça… la vie… quand tu as senti que je me suis un instant tendu vers l'appât…

H. 2 : Tu es dingue.

H. 1 : Non. Pas plus dingue que toi, quand tu disais que je t'avais appâté avec les voyages pour t'enfermer chez moi, dans ma cage… ça paraissait très fou, mais tu n'avais peut-être pas si tort que ça… Mais cette fois, c'est toi qui m'as attiré…

H. 2 : Attiré où? Où est-ce que j'ai cherché à t'attirer?

H. 1 : Mais voyons, ne joue pas l'innocent… «La vie est là, simple et tranquille…»

H. 2 : D'abord je n'ai pas dit ça.

H. 1 : Si. Tu l'as dit. Implicitement. Et ce n'est pas première fois. Et tu prétends que tu es ailleurs… dehors… loin de nos catalogues… hors de nos cases… rien à voir avec les mystiques, les saints…

H. 2 : C'est vrai.

H. 1 : Oui, c'est vrai, rien à voir avec ceux-là. Vous avez mieux… Quoi de plus apprécié que ton domaine, où tu me faisais la grâce de me laisser entrer pour que je puisse, moi aussi, me recueillir… « La vie est là, simple et tranquille… » C'est là que tu te tiens, à l'abri de nos contacts salissants… sous la protection des plus grands… Verlaine…

H. 2 : Je te répète que je n'ai pas pensé à Verlaine.

H. 1 : Bon. Admettons, je veux bien. Tu n'y avais pas pensé, mais tu reconnaîtras qu'avec le petit mur, le toit, le ciel par-dessus le toit[1]… on y était en plein…

H. 2 : Où donc ?

H. 1 : Mais voyons, dans le « poétique », la « poésie ».

H. 2 : Mon Dieu ! comme d'un seul coup tout resurgit… juste avec ça, ces guillemets…

H. 1 : Quels guillemets[2] ?

H. 2 : Ceux que tu places toujours autour de ces mots, quand tu les prononces devant moi… « Poésie » « Poétique. » Cette distance, cette ironie… ce mépris…

H. 1 : Moi, je me moque de la poésie ? Je parle avec mépris des poètes ?

H. 2 : Pas des « vrais » poètes, bien sûr. Pas de ceux que vous allez admirer les jours fériés sur leurs socles, dans leurs niches… Les guillemets, ce n'est pas pour eux, jamais…

H. 1 : Mais c'est pour qui alors ?

H. 2 : C'est pour… c'est pour…

H. 1 : Allons, dis-le…

H. 2 : Non. Je ne veux pas. Ça nous entraînerait trop loin…

H. 1 : Eh bien, je vais le dire. C'est avec toi que je les place entre guillemets, ces mots… oui, avec toi… dès que je sens ça en toi, impossible de me retenir, malgré moi les guillemets arrivent.

H. 2 : Voilà. Je crois qu'on y est. Tu l'as touché. Voilà le point[1]. C'est ici qu'est la source. Les guillemets, c'est pour moi. Dès que je regarde par la fenêtre, dès que je me permets de dire « la vie est là », me voilà aussitôt enfermé à la section des « poètes »… de ceux qu'on place entre guillemets… qu'on met aux fers…

H. 1 : Oui, cette fois je ne sais pas si « on y est », mais je sens qu'on s'approche… Tiens, moi aussi, puisque nous en sommes là, il y a des scènes dont je me souviens… il y en a une surtout… tu l'as peut-être oubliée… c'était du temps où nous faisions de l'alpinisme… dans le Dauphiné… on avait escaladé la barre des Écrins… tu te rappelles[2] ?

H. 2 : Oui. Bien sûr.

H. 1 : Nous étions cinq : nous deux, deux copains et un guide. On était en train de redescendre… Et tout à coup, tu t'es arrêté. Tu as stoppé toute la cordée. Et tu as dit, sur un ton… : « Si on s'arrêtait un instant pour regarder ? Ça en vaut tout de même la peine… »

H. 2 : J'ai dit ça ? J'ai osé ?

H. 1 : Oui. Et tout le monde a été obligé de s'arrêter… Nous étions là, à attendre… piétinant et piaffant… pendant que tu « contemplais »…

H. 2 : Devant vous ? Il fallait que j'aie perdu la tête…

H. 1 : Mais non. Tu nous forçais à nous tenir

devant ça, en arrêt, que nous le voulions ou non...
Alors je n'ai pas pu résister. J'ai dit : « Allons, dépê-
chons, nous n'avons pas de temps à perdre... Tu
pourras trouver en bas, chez la papetière, de
jolies cartes postales... »

H. 2 : Ah oui. Je m'en souviens... J'ai eu envie de
te tuer.

H. 1 : Et moi aussi. Et tous les autres, s'ils avaient
pu parler, ils auraient avoué qu'ils avaient envie
de te pousser dans une crevasse...

H. 2 : Et moi... oui... rien qu'à cause de ça,
de ces cartes postales... comment ai-je pu te
revoir...

H. 1 : Oh il a dû y avoir, après, un moment où tu
as repris espoir...

H. 2 : Espoir ? Après ça ?

H. 1 : Oui, tu ne le perds jamais. Tu as dû avoir
le fol espoir, comme tout à l'heure, devant la
fenêtre... quand tu m'as tapoté l'épaule... « C'est
bien, ça... »

H. 2 : C'est bien, ça ?

H. 1 : Mais oui, tu sais le dire aussi... en tout cas
l'insinuer... C'est biiien... ça... voilà un bon petit
qui sent le prix de ces choses-là... on ne le croirait
pas, mais vous savez, tout béotien qu'il est, il en
est tout à fait capable...

H. 2 : Mon Dieu ! et moi qui avais cru à ce
moment-là... comment ai-je pu oublier ? Mais
non, je n'avais pas oublié... je le savais, je l'ai toujours su...

H. 1 : Su quoi ? Su quoi ? Dis-le.

H. 2 : Su qu'entre nous il n'y a pas de conciliation possible. Pas de rémission... C'est un combat

sans merci. Une lutte à mort. Oui, pour la survie.
Il n'y a pas le choix. C'est toi ou moi.

H. 1 : Là tu vas fort.

H. 2 : Mais non, pas fort du tout. Il faut bien
voir ce qui est : nous sommes dans deux camps
adverses. Deux soldats de deux camps ennemis
qui s'affrontent.

H. 1 : Quels camps ? Ils ont un nom.

H. 2 : Ah, les noms, ça c'est pour toi. C'est toi,
c'est vous qui mettez des noms sur tout. Vous qui
placez entre guillemets… Moi je ne sais pas.

H. 1 : Eh bien, moi je sais. Tout le monde le
sait. D'un côté, le camp où je suis, celui où les
hommes luttent, où ils donnent toutes leurs
forces… ils créent la vie autour d'eux… pas celle
que tu contemples par la fenêtre, mais la
« vraie [1] », celle que tous vivent. Et d'autre part…
eh bien…

H. 2 : Eh bien ?

H. 1 : Eh bien…

H. 2 : Eh bien ?

H. 1 : Non…

H. 2 : Si. Je vais le dire pour toi… Eh bien, de
l'autre côté il y a les « ratés ».

H. 1 : Je n'ai pas dit ça. D'ailleurs, tu travailles…

H. 2 : Oui, juste pour me permettre de vivoter.
Je n'y consacre pas toutes mes forces.

H. 1 : Ah ! tu en gardes ?

H. 2 : Je te vois venir… Non, non, je n'en
« garde » pas…

H. 1 : Si. Tu en gardes. Tu gardes des forces
pour quoi ?

H. 2 : Qu'est-ce que ça peut bien te faire ? Pour-

quoi faut-il que tu viennes toujours chez moi ins-
pecter, fouiller ? On dirait que tu as peur…

H. 1 : Peur ? Peur !

H. 2 : Oui, peur. Ça te fait peur : quelque chose
d'inconnu, peut-être de menaçant, qui se tient
là, quelque part, à l'écart, dans le noir… une
taupe qui creuse sous les pelouses bien soignées où vous vous ébattez… Il faut absolument
la faire sortir, voici un produit à toute épreuve :
« C'est un raté. » « Un raté. » Aussitôt, vous le
voyez ? le voici qui surgit au-dehors, il est tout
agité : « Un raté ? Moi ? Qu'est-ce que j'entends ?
Qu'est-ce que vous dites ? Mais non, je n'en suis
pas un, ne croyez pas ça… voilà ce que je suis,
voilà ce que je serai… vous allez voir, je vous don-
nerai des preuves… » Non, n'y compte pas. Même
ça, même « un raté », si efficace que ça puisse être,
ne me fera pas quitter mon trou, j'y suis trop
bien.

H. 1 : Vraiment ? Tu y es si bien que ça ?

H. 2 : Mieux que chez toi, en tout cas, sur tes
pelouses… Là je dépéris… j'ai envie de fuir… La
vie ne vaut plus…

H. 1 : La vie ne vaut plus la peine d'être vécue
— c'est ça. C'est exactement ce que je sens quand
j'essaie de me mettre à ta place.

H. 2 : Qui t'oblige à t'y mettre ?

H. 1 : Je ne sais pas… je veux toujours comprendre…

H. 2 : C'est ce que je te disais : tu doutes toujours, tu crains qu'il n'y ait là-bas, dans une petite
cabane dans la forêt…

H. 1 : Non, je veux savoir d'où ça te vient, ce

détachement. Surnaturel. Et j'en reviens toujours à ça : il faut que tu te sentes soutenu…

H. 2 : Ah Verlaine de nouveau, hein ? les poètes… Eh bien non, je n'en suis pas un… et si tu veux le savoir, je n'en serai pas un. Jamais. Tu n'auras pas cette chance.

H. 1 : Moi ? Cette chance ? Je crois que si tu te révélais comme un vrai poète… il me semble que la chance serait plutôt pour toi.

H. 2 : Allons, qu'est-ce que tu racontes ? Tu n'y penses pas… Vous avez même un mot tout prêt pour ça : récupéré. Je serais récupéré. Réintégré. Placé chez vous, là-bas. Plus de guillemets, bien sûr, mais à ma juste place et toujours sous surveillance. « C'est bien… ça » sera encore trop beau quand je viendrai tout pantelant vous présenter… attendre… guetter… « Ah oui ? Vous trouvez ? Oui ? C'est bien ?… Évidemment je ne peux prétendre… avec derrière moi, auprès de moi, tous ces grands… » Vous me tapoterez l'épaule… n'est-ce pas attendrissant ? Vous sourirez… « Ah mais qui sait ? Hein ? Qui peut prédire ?… Il y a eu des cas… » Non. N'y compte pas. Tu peux regarder partout : ouvre mes tiroirs, fouille dans mes placards, tu ne trouveras pas un feuillet… pas une esquisse… pas la plus légère tentative… *Rien* à vous mettre sous la dent.

H. 1 : Dommage. Ç'aurait pu être de l'or pur. Du diamant.

H. 2 : Ou même du plomb, n'est-ce pas ? pourvu qu'on voie ce que c'est, pourvu qu'on puisse le classer, le coter… Il faut absolument qu'on sache à quoi s'en tenir. Comme ça on est tranquille. Il n'y a plus rien à craindre.

H. 1 : À craindre ? Tu reviens encore à ça... À craindre... Oui, peut-être... Peut-être que tu as raison, en fin de compte... c'est vrai qu'auprès de toi j'éprouve parfois comme de l'appréhension...

H. 2 : Ah, voilà...

H. 1 : Oui... il me semble que là où tu es tout est... je ne sais pas comment dire... inconsistant, fluctuant... des sables mouvants où l'on s'enfonce... je sens que je perds pied... tout autour de moi se met à vaciller, tout va se défaire... il faut que je sorte de là au plus vite... que je me retrouve chez moi où tout est stable. Solide.

H. 2 : Tu vois bien... Et moi... eh bien, puisque nous en sommes là... et moi, vois-tu, quand je suis chez toi, c'est comme de la claustrophobie... je suis dans un édifice fermé de tous côtés... partout des compartiments, des cloisons, des étages... j'ai envie de m'échapper... mais même quand j'en suis sorti, quand je suis revenu chez moi, j'ai du mal à... à...

H. 1 : Oui ? du mal à faire quoi ?

H. 2 : Du mal à reprendre vie... parfois encore le lendemain je me sens comme un peu inerte... et autour de moi aussi... il faut du temps pour que ça revienne, pour que je sente ça de nouveau, cette pulsation, un pouls qui se remet à battre... alors tu vois...

H. 1 : Oui. Je vois.

Un silence.

À quoi bon s'acharner ?

H. 2 : Ce serait tellement plus sain...

H. 1 : Pour chacun de nous… plus salutaire…

H. 2 : La meilleure solution…

H. 1 : Mais tu sais bien comment nous sommes. Même toi, tu n'as pas osé le prendre sur toi.

H. 2 : Non. J'ai besoin qu'on m'autorise.

H. 1 : Et moi donc, tu me connais…

Un silence.

Qu'est-ce que tu crois… si on introduisait une demande… à nous deux, cette fois… on pourrait peut-être mieux expliquer… on aurait peut-être plus de chances…

H. 2 : Non… à quoi bon ? Je peux tout te dire d'avance… Je vois leur air… « Eh bien, de quoi s'agit-il encore ? De quoi ? Qu'est-ce qu'ils racontent ? Quelles taupes ? Quelle pelouses ? Quels sables mouvants ? Quels camps ennemis ? Voyons un peu leurs dossiers… Rien… on a beau chercher… examiner les points d'ordinaire les plus chauds… rien d'autre nulle part que les signes d'une amitié parfaite… »

H. 1 : C'est vrai.

H. 2 : « Et ils demandent à rompre. Ils ne veulent plus se revoir de leur vie… quelle honte… »

H. 1 : Oui, aucun doute possible, aucune hésitation : déboutés tous les deux.

H. 2 : « Et même, qu'ils y prennent garde… qu'ils fassent très attention. On sait quelles peines encourent ceux qui ont l'outrecuidance de se permettre ainsi, sans raison… Ils seront signalés… on ne s'en approchera qu'avec prudence, avec la plus extrême méfiance… Chacun saura de quoi ils sont capables, de quoi ils peuvent se rendre coupables : ils peuvent rompre pour un oui ou pour un non. »

H. 1 : Pour un oui… ou pour un non ?

Un silence.

H. 2 : Oui ou non ?…

H. 1 : Ce n'est pourtant pas la même chose…

H. 2 : En effet : Oui. Ou non.

H. 1 : Oui.

H. 2 : Non !

DOSSIER

CHRONOLOGIE

1900. Le 18 juillet, naissance de Natacha Tcherniak, à
       Ivanovo-Voznessensk, près de Moscou. Son père,
       Ilya Tcherniak, dirige une fabrique de colorants (il
       est l'inventeur d'un produit qui empêche que les
       couleurs ne déteignent à la lumière) ; sa mère,
       Pauline Chatounowski, écrit et fréquente quelques
       milieux littéraires russes.
1902. Divorce du couple Tcherniak. Pauline quitte Iva-
       novo, emmenant Nathalie avec elle, pour rejoindre
       à Paris Nicolas Boretzki, avec qui elle se remariera.
1902-1906.   Conformément à ce qui a été convenu entre
       ses parents, Nathalie retourne chez son père deux
       mois par an, soit à Ivanovo, soit en Suisse où il
       passe parfois ses vacances d'été.
1906. La mère et le beau-père de Nathalie retournent
       en Russie, à Saint-Pétersbourg, et l'emmènent avec
       eux. Elle est instruite à la maison en français et en
       russe, langue qu'elle continue aujourd'hui à lire
       et à parler. Sa mère gagne sa vie en écrivant (sous
       le pseudonyme masculin de N. Vikhrovski) des
       romans, des nouvelles, des contes pour enfants.
       Elle est appréciée par l'écrivain Korolenko qui la
       publie dans sa revue *Rousskoie Bogatstvo*.
1907. Son père quitte Ivanovo pour aller à Paris et en
       Suède empêcher l'extradition de son jeune frère,

demandée par la police tsariste (l'«Okhrana»).
Jacob Tcherniak, qui appartenait à un groupe
révolutionnaire, est accusé d'avoir pris part à un
attentat contre un fourgon postal (le 14 octobre
1906). Ilya mène la campagne pour sauver son
frère, fort de l'aide des socialistes européens (dont
Jaurès) et d'Anatole France, Pierre Quillard,
Étienne Avenard, etc. Il est finalement reçu par le
roi de Suède et obtient la libération de Jacob, qui
est embarqué à Göteborg sur un bateau pour
Anvers. Mais à l'arrivée, son frère est découvert
asphyxié dans sa cabine, par des gaz délétères
qui ont tué également quatre autres passagers. Des
funérailles solennelles sont organisées par les
mouvements socialistes européens.
À la suite de ces événements, le Dr Tcherniak,
qui ne peut rentrer en Russie, s'établit définitive-
ment à Paris. Il fonde à Vanves, sur une plus petite
échelle, une fabrique de matières colorantes sem-
blable à celle d'Ivanovo. Nathalie retrouve désormais son père deux mois chaque année à Paris.

1909.   Sa mère la confie à son père, remarié avec Véra
Cheremetievski, qui, le 13 août de la même année,
met au monde une fille, Hélène (Lili). Nathalie ne
retournera en Russie qu'en 1935, puis épisodique-
ment à partir de 1956.

1910.   La mère de Véra vient passer plus d'un an à Paris.
Elle exercera une grande influence sur Nathalie. Elle parle plusieurs langues dont le français,
sans aucun accent. Elle enseigne le piano à Nathalie qu'elle traite avec tendresse comme sa vraie
petite-fille, et qu'elle enchante en lui lisant les classiques français et russes (Molière, Corneille, Pouch-
kine, Gogol, etc.). Son départ sera vécu par
l'enfant comme un deuil dont elle mettra longtemps à se remettre. Elle ne devait plus jamais la
revoir.

1911.   En août, Pauline Boretzki vient à Paris pour passer

les vacances avec sa fille. Elle repart en Russie trois jours après son arrivée (voir *Enfance*).

1912. Certificat d'études, puis entrée au lycée Fénelon.

1914. La mère de Nathalie vient passer l'été avec elle à Saint-Georges-de-Didonne, près de Royan. Ilya et Véra Tcherniak séjournent également dans la station balnéaire. Le 1er août, la mobilisation générale ne touche pas Ilya Tcherniak, encore citoyen russe. Le 3 août, la France déclare la guerre à l'Allemagne. Pauline Boretzki part en toute hâte rejoindre son mari à Saint-Pétersbourg (voir *Enfance*).

1915. Lecture, en russe, de *Crime et châtiment*. Dostoïevski restera un des auteurs de prédilection de Nathalie.

1917. Naissance de Jacques Tcherniak (prénommé ainsi en souvenir de son oncle Jacob). Demi-frère de Nathalie, il essaiera sans résultat de poursuivre des études de chimie afin de succéder à son père (il mourra en 1976).

1918. Nathalie obtient son baccalauréat à Montpellier, où son père, craignant pour elle les tirs de la « Grosse Bertha », l'a envoyée. Elle s'inscrit ensuite à la Faculté des Lettres de Paris.

1919. Premier séjour en Angleterre, à Harrow-on-the-Hill.

1920. Licence d'anglais à la Sorbonne.

1920-1921. Études à Oxford, en vue d'un B. A. d'histoire.

1921-1922. Études d'histoire et de sociologie à Berlin. Lecture de *Tonio Kröger* de Thomas Mann qui fait sur Nathalie une vive et durable impression.

1922. Retour à Paris où elle s'inscrit à la Faculté de Droit.

1923. Durant l'été, Nathalie fait l'ascension du mont Blanc, à une époque où ce type d'excursion n'est pas encore banalisé. À Chamonix, elle découvre Proust en lisant *À l'ombre des jeunes filles en fleurs*. À la rentrée, à la Faculté de Droit, elle se lie avec Raymond Sarraute (né en 1902). Très tôt, ce dernier initie Nathalie à la connaissance de la peinture, tout en partageant ses goûts littéraires. Par la suite, il la soutiendra constamment dans son travail d'écrivain. La même année, tous deux s'enthousiasment pour les *Six personnages en quête d'auteur* que créent les Pitoëff au Studio des Champs-Élysées.

1924.   Escalade de la barre des Écrins, dans les Alpes, avec une amie.

1925.   Nathalie épouse Raymond Sarraute, après avoir passé en même temps que lui la licence de droit. Le couple aura trois filles : Claude (en 1927), Anne (en 1930), et Dominique (en 1933). Nathalie Sarraute travaille dans une étude d'avoué tout en étant inscrite au barreau.

1926.   Lecture de *Ulysses* de Joyce et de *Mrs. Dalloway* de Virginia Woolf. Nathalie Sarraute dira de cette expérience, comme de la découverte de Proust en 1923 : « Il me semblait qu'à partir de ce moment une voie nouvelle s'était ouverte pour la littérature ; on ne pouvait plus écrire comme on avait écrit auparavant. »

1927.   Mort de son beau-père, Nicolas Boretzki.

1932-1937.   Nathalie Sarraute, qui travaille de moins en moins au barreau, écrit *Tropismes*.

1939.   En février, publication chez Denoël du recueil *Tropismes*, jusque-là refusé partout (notamment par Gallimard et Grasset). Seules réactions : des lettres de Jean-Paul Sartre, Max Jacob, Charles Mauron, et un article de Victor Moremans dans *La Gazette de Liège*.

1939-1944.   Pendant la guerre, pour échapper aux dénonciations et aux persécutions contre les juifs, Nathalie Sarraute se réfugie à Parmain, dans le Val-d'Oise. Tout en se faisant passer pour l'institutrice de ses filles, elle continue d'écrire.

1946.   Lecture de Faulkner et de Kafka. Si *Le Bruit et la Fureur* enthousiasme Nathalie Sarraute, *La Métamorphose* la déçoit beaucoup. Ce n'est que plusieurs mois plus tard, avec la lecture du *Procès* (commencé une première fois puis aussitôt abandonné en 1935) que Nathalie découvre vraiment l'écriture kafkaïenne. La même année débute la rédaction de *Martereau*.

1947. *Portrait d'un inconnu*, préfacé par Sartre, est refusé par Jean Paulhan chez Gallimard, puis par Nagel. Nathalie Sarraute est gravement malade (tuberculose pulmonaire).

1948. *Portrait d'un inconnu* paraît chez Robert Marin avec une préface de Jean-Paul Sartre. Mais l'éditeur, après en avoir vendu 400 exemplaires, décide de vendre le reste au prix du papier.

1949. Nathalie et Raymond Sarraute achètent une maison à Chérence, près de Mantes-la-Jolie. Une partie importante de l'œuvre de l'écrivain y sera rédigée. La même année meurt Ilya Tcherniak, père de Nathalie Sarraute.

1953. Parution de *Martereau* aux Éditions Gallimard auxquelles la romancière-dramaturge restera désormais fidèle.

1956. Parution de *L'Ère du soupçon*, qui rassemble plusieurs essais de Nathalie Sarraute. Le recueil force les critiques à s'intéresser de plus près à une œuvre qu'ils avaient jusqu'ici souvent négligée. La même année meurt la mère de l'écrivain.

1957. Réédition de *Tropismes* (avec un texte supprimé et six textes ajoutés) aux Éditions de Minuit en même temps que *La Jalousie* d'Alain Robbe-Grillet. Émile Henriot, qui n'aime pas ces livres, parle à leur propos, et péjorativement, de « Nouveau Roman ». L'expression va servir à désigner le mouvement littéraire lancé par Robbe-Grillet et les Éditions de Minuit. Ceux qu'on rassemble dans ce groupe n'ont cependant de commun que la conviction que la littérature, comme tout art, doit se libérer de formes devenues désuètes, et s'aventurer à la recherche de nouvelles formes mieux adaptées, ce qu'avait déjà soutenu Nathalie Sarraute dans *L'Ère du soupçon*.

1959.   Parution du *Planétarium*.

1960.   Nathalie Sarraute signe le manifeste des 121, aux côtés de Michel Butor, André Breton, Simone de Beauvoir, Roger Blin, Alain Cuny, Marguerite Duras, Michel Leiris, Jérôme Lindon, Maurice Nadeau, Alain Robbe-Grillet, Alain Resnais, Jean-Paul Sartre, Claude Simon, Simone Signoret, Vercors, etc.

1963.   Parution des *Fruits d'or* (Prix International de Littérature en 1964).

1964.   Parution du *Silence*.

1966.   Parution du *Mensonge*.

1967.   Ouverture du Petit Odéon avec la création du *Silence* et du *Mensonge*, dans une mise en scène de Jean-Louis Barrault.

1968.   Parution de *Entre la vie et la mort*.

1970.   Sur France-Culture, création de *Isma*, qui paraît la même année.

1971.   Colloque sur le Nouveau Roman, organisé à Cerisy-la-Salle par Jean Ricardou, avec Nathalie Sarraute, Claude Simon, Alain Robbe-Grillet, Michel Butor, Claude Ollier et Robert Pinget.

1972.   Parution de *Vous les entendez ?*

1973.   Création de *Isma* à l'Espace Pierre-Cardin, dans une mise en scène de Claude Régy.

1975.   Parution de *C'est beau*, créé la même année, dans une mise en scène de Claude Régy, dans la petite salle aménagée par Jean-Louis Barrault à l'intérieur de l'ancienne gare d'Orsay.

1976.   Parution de « *disent les imbéciles* ». Doctorat *honoris causa* de Trinity College (Dublin).

1978.   Parution de *Elle est là* (dans le volume *Théâtre* qui rassemble également les quatre premières pièces de l'écrivain).

1980.   Création de *Elle est là* au théâtre d'Orsay, dans une mise en scène de Claude Régy. Parution de *L'Usage de la parole.* Doctorat *honoris causa* de l'université de Canterbury.

1982. Parution de *Pour un oui ou pour un non.* La même année, le Grand Prix national des Lettres, décerné par le ministère de la Culture, est attribué à Nathalie Sarraute.

1983. Parution d'*Enfance.*

1985. Mort de Raymond Sarraute.

1986. Le 17 février, création de *Pour un oui ou pour un non* au théâtre du Rond-Point, dans une mise en scène de Simone Benmussa. En juillet, le festival d'Avignon consacre une grande partie de sa production officielle à l'œuvre de Nathalie Sarraute (avec notamment des représentations de *Elle est là* et *Pour un oui ou pour un non,* dans des mises en scène de Michel Dumoulin).

1989. En juillet, un colloque est consacré à l'œuvre de Nathalie Sarraute à Cerisy-la-Salle. En septembre, parution de *Tu ne t'aimes pas.* La même année, Claude Régy tourne un film de 98 minutes d'entretiens avec Nathalie Sarraute.

1990. Retour à Ivanovo pour la première fois depuis son enfance.

1991. Doctorat *honoris causa* de l'université d'Oxford.

1993. Représentations du *Silence* et de *Elle est là,* dans des mises en scène de Jacques Lassalle. Les deux pièces constituent le spectacle d'ouverture du Vieux-Colombier rénové, qui devient la seconde salle des Comédiens-Français.

1994. Colloque international de Tucson (Arizona), consacré à Nathalie Sarraute.

1995. Exposition Sarraute à la Bibliothèque nationale de France. Parution de *Ici.*

1996. Parution des *Œuvres complètes* de Nathalie Sarraute dans la Bibliothèque de la Pléiade.

1997. Parution de *Ouvrez.*

1999. Le 19 octobre, mort de Nathalie Sarraute. Elle est enterrée, auprès de son mari, dans le cimetière de Chérence.

NOTICE

Nathalie Sarraute a écrit *Pour un oui ou pour un non* après la parution de *L'Usage de la parole* (1980). À l'en croire, la rédaction de ses pièces a toujours constitué pour elle une «détente», après l'effort considérable demandé par l'écriture romanesque. Non que l'expression théâtrale ait jamais paru évidente à l'écrivain, qui résista au contraire longuement avant d'accepter, avec *Le Silence*, en 1964, l'offre d'une radio allemande (le Süddeutscher Rundfunk) d'écrire des textes entièrement dialogués. Sarraute s'est souvent exprimée sur la difficulté qu'elle a d'abord eue à faire passer *au-dehors* ce qui dans le roman restait de l'ordre du «sous-texte [1]». Sa sixième pièce frappe pourtant par son extrême densité et sa structure impeccablement dramatique. Elle doit probablement son «efficacité» scénique au resserrement structurel qu'elle opère par rapport aux œuvres précédentes. Le nombre même des adversaires en présence traduit l'épurement progressif de la scène sarrautienne : des sept, neuf et huit personnages du *Silence* (1964), du *Mensonge* (1966) ou d'*Isma* (1970), des trois de *C'est beau* (1975), des quatre d'*Elle est là* (1978),

---

1. Voir sa conférence intitulée «Le gant retourné», in *Œuvres complètes*, Bibl. de la Pléiade, p. 1707-1713.

on est passé à deux protagonistes dressés l'un contre l'autre, à peine soulagés de leur combat singulier par la brève intervention des voisins. Deux fauves en cage ne s'entre-dévoreraient sans doute pas plus farouchement. Cette impossibilité de *divertir* l'attention augmente le caractère tragique de la rencontre. H. 2 a beau jeu d'annoncer à plusieurs reprises l'issue fatale du processus :

[…] *en parler seulement, évoquer ça… ça peut vous entraîner… (p. 25)*
Non. Je ne veux pas. Ça nous entraînerait trop loin… (p. 42)
Non… à quoi bon ? Je peux tout te dire d'avance… (p. 49)

Une fois lancée, la machine infernale du tropisme conduit inéluctablement à la négation de l'un par l'autre. Du « oui » au « non » de ce qui pourrait passer finalement pour une boutade finale, il y a l'espace métaphorique d'une mort programmée :

H. 2 : Oui ou non ?…
H. 1 : Ce n'est pourtant pas la même chose…
H. 2 : En effet : Oui. Ou non.
H. 1 : Oui.
H. 2 : Non !

DES MOTS DE ROMAN SOUS LA LOUPE DE LA SCÈNE

L'expression lexicalisée qui sert de titre à la pièce rappelle les formules toutes faites qui scandent la production romanesque de l'écrivain, comme *Entre la vie et la mort* ou « *disent les imbéciles* », et les textes courts de *L'Usage de la parole* : « Et pourquoi pas ? », « Eh bien quoi, c'est un dingue… », « À très bientôt », « Ne me parlez pas de ça »… La fin de « Mon petit » semble d'ailleurs anticiper ce qui fera la matière de l'œuvre suivante :

Comment vivrait-on si on prenait la mouche pour un oui ou pour un non, si on ne laissait pas très raisonnablement passer de

ces mots somme toute insignifiants et anodins, si on faisait pour si
peu, pour moins que rien de pareilles histoires ? (Folio, p. 105).

Le défaut ici dénoncé était d'ailleurs celui de Germaine
Lemaire dans *Le Planétarium* (Folio, p. 151-152). Mais surtout, l'expression constitue le refrain lancinant d'un chapitre d'*Entre la vie et la mort* :

On rosit, on baisse les yeux, on se trémousse comme si on était
chatouillé, avec des petits rires nerveux, on recule comme si on
avait peur de se brûler, et puis, tout de même, on ne peut pas s'en
empêcher… «Au fait, vous savez, mon livre marche bien… je suis
content… »
Elles lèvent la tête au-dessus de leur tricot, de leur journal, de
leur livre, de leur jeu de patience, et puis l'abaissent : «C'est
bi.i.ien, ça… » appuyant sur le «bien», l'étirant, et puis faisant
tomber comme une grille qui se referme sur la souris qui a mordu
à l'appât : «ça».
[…] «Au fait, vous savez, mon livre marche bien, je suis
content… » et on se cogne, bien sûr, pouvait-il en être autrement,
on a mal quand on a fait un à plat et qu'on a reçu en plein
ventre : «C'est bien, ca. »
[…] C'est agaçant qu'on vienne ainsi vous forcer la main, elles
se sentent gênées pour lui, elles lèvent à peine la tête… «C'est bien,
ça » tenez, ce sera tout ce que vous recevrez, n'attendez plus rien
(Folio, p. 136-138).

Pour un oui ou pour un non n'a pourtant rien d'une adap-
tation théâtrale d'un tel passage. Nathalie Sarraute s'en est
notamment défendue dans un entretien que nous avons
eu avec elle en 1990 :

Comme je vous l'ai dit, je relis très rarement mes romans. Si
bien que, par exemple, je ne me souvenais absolument pas d'avoir
écrit tout un chapitre sur «C'est bien, ça », dans Entre la vie et
la mort. *C'est seulement par la suite que des gens qui ont vu*
Pour un oui ou pour un non *me l'ont fait remarquer. Mais*
cela veut uniquement dire que « C'est bien, ça » était une expres-

*sion qui m'avait frappée et que je désirais voir ce qu'elle cachait.
Je l'ai fait pour le livre, et puis je l'ai oublié, et j'ai cherché de nouveau pour la pièce. Mais je n'ai rien repris du roman. Ce sont des
choses tout à fait séparées*[1].

Le fonctionnement obsessionnel du tropisme, et la pro-
gression verticale de l'œuvre de Sarraute, qui ne cesse de
se recreuser soi-même, justifient cette nouvelle exploita-
tion de la formule. On remarque cependant à quel point
le théâtre parvient à jouer le rôle de loupe que l'écrivain
lui assigne : deux pages d'un roman font la matière d'une
heure de spectacle. Le tropisme prolifère, enfle démesuré-
ment pour mieux éclater à la face du public.

DE BLANCHE-NEIGE AUX FRÈRES ENNEMIS :
UN SPECTACLE « TOUT PUBLIC » ?

Avant même la création théâtrale, *Pour un oui ou pour
un non* a été très bien reçu de ses lecteurs et a donné lieu
à de nombreuses analyses. Dans *La Quinzaine littéraire* des
16-31 mars 1982, pour ne citer qu'un exemple, Francine
de Martinoir s'intéresse à la communauté que la pièce
crée entre le public et les personnages, et insiste sur la
puissance dramatique du texte :

*De fait, ici et maintenant nous sommes contraints de nous
demander ce qui va se passer entre les deux personnages, nous nous
trouvons presque malgré nous entraînés dans un temps construc-
tif, tourné vers l'action, c'est-à-dire vers la réponse à une question,
grâce aux attaques des phrases prononcées. [...] De cet affrontement entre l'informulé et la vitrification du langage, Nathalie
Sarraute n'a-t-elle pas dit qu'il constituait une action dramatique
très précieuse, à l'œuvre dans beaucoup de ses créations ?*

1. «Entretien avec Nathalie Sarraute », in A. Rykner, *Nathalie
Sarraute*, Éditions du Seuil, coll. «Les Contemporains», 1991,
p. 181.

L'excellent accueil fait à la pièce s'explique largement par la grande proximité que l'auteur parvient à établir entre ses personnages et son public. Si le milieu dans lequel ils évoluent reste « un certain milieu intellectuel bourgeois » commun à la plupart des œuvres de l'auteur (Nathalie Sarraute s'en justifie auprès de Simone Benmussa dans ses entretiens avec le metteur en scène[1]), la banalité de la situation choisie, le caractère infime de l'émotion retenue, dépassent largement tous les clivages sociaux. H. 1 et H. 2 sont ainsi paradoxalement élevés au rang d'archétypes, alors même qu'ils s'acharnent à préserver ce qui fait leur irréductible différence. L'usage qui est fait du motif du conte de fées participe de ce que nous avons ailleurs pu nommer la « dynamique mythique[2] » de l'écriture sarrautienne. Le réalisme de surface est travaillé souterrainement par un autre modèle, qui empêche radicalement l'œuvre de basculer dans la conversation de salon ou le simple « théâtre de chambre ». L'insistance que met H. 2 à évoquer l'histoire de Blanche-Neige éclaire ainsi d'un jour nouveau sa relation avec H. 1. L'intérêt du « délire » dénoncé par ce dernier est qu'il renforce la dimension fantastique introduite par l'évocation du tribunal des « gens normaux » (p. 27) et l'intervention des voisins (p. 31-35) :

H. 2 : […] Vraiment ? Il y avait donc là-bas… cachée au fond de la forêt, une petite princesse…

H. 1 : Quelle forêt ? Quelle princesse ? Tu divagues…

H. 2 : Bien sûr, je divague… Qu'est-ce que tu attends pour les rappeler ? « Écoutez-le, il est en plein délire… quelle forêt ? » Eh bien oui, mes bonnes gens, la forêt de ce conte de fées où la reine interroge son miroir : « Suis-je la plus belle, dis-moi… » Et le miroir répond : « Oui, tu es belle, très belle, mais il y a là-bas, dans une cabane au fond de la forêt, une petite princesse encore plus

1. *Nathalie Sarraute. Qui êtes-vous ?*, Conversations avec Simone Benmussa, La Manufacture, 1987, p. 143-144.
2. *Nathalie Sarraute, op. cit.*, Seuil, 1991, p. 103.

belle... » *Et toi, tu es comme cette reine, tu ne supportes pas qu'il*
puisse y avoir quelque part caché...
  H. 1 : Un autre bonheur... plus grand ?
  H. 2 : Non justement, c'est encore pire que ça (p. 38).

  H. 1 : [...] C'est exactement ce que je sens quand j'essaie de me
mettre à ta place.
  H. 2 : Qui t'oblige à t'y mettre ?
  H. 1 : Je ne sais pas... je veux toujours comprendre...
  H. 2 : C'est ce que je te disais : tu doutes toujours, tu crains
qu'il n'y ait là-bas, dans une petite cabane dans la forêt...
(p. 46).

Il serait sans doute facile d'interroger la pièce à partir
des relents œdipiens du conte de Grimm ; on la rattache-
rait alors discrètement (le rapprochement avec la figure de
l'écrivain d'*Entre la vie et la mort* nous y aiderait) à l'indifférence, voire la vraisemblable jalousie, éprouvée par Pauline Chatounowski (auteur de romans de cape et d'épée et
de contes pour enfants...) envers sa fille Nathalie[1]. Sans
nous aventurer plus avant sur ces terrains mouvants[2], nous
retiendrons simplement ce que Bruno Bettelheim dit, précisément à propos de *Blanche-Neige*, de l'efficacité des
contes de fées opposés aux mythes qui leur ressemblent :

  Côté mythe, on ne trouve qu'une difficulté insurmontable et la
défaite finale ; côté conte de fées, le péril est le même, mais il finit

  1. Voir le passage des entretiens avec Simone Benmussa (*op. cit.*,
p. 159) où Nathalie Sarraute explique que sa mère se croyait « un
grand génie » et n'avait pas réussi à lire plus que la préface de *Portrait d'un inconnu.*
  2. Dans *Entre la vie et la mort*, Nathalie Sarraute nous prévient,
par la voix du narrateur : « Il faut bien que ce soit moi [le personnage de ce livre]. Moi ici. Vous là. Et là-bas encore je ne sais plus
qui. Comme ça vous serez contents. Mais si c'est pour faire ces
intéressantes découvertes, je me demande pourquoi tous ces
efforts, cette perte de temps ? Vous pouvez trouver tout ça ailleurs,
n'importe où, n'importe quel navet peut vous offrir ça à foison, à
meilleur compte » (Folio, p. 109).

*par être surmonté. À la fin du conte, la rétribution du héros est
non pas la mort, mais une intégration supérieure, telle qu'elle
est symbolisée par ses victoires sur ses ennemis et ses rivaux, et par
son bonheur final*[1].

De ce point de vue, de même que la thérapie psychodramatique échoue (voir la préface, p. 11-14), la positivité
du conte se renverse en négativité du mythe — celui de *La
Thébaïde*, en l'occurrence, qui permet à H. 1 et H. 2 de passer de la fraternité initiale (« Tu te souviens comme on
attendrissait ta mère ? ») à la « lutte à mort » finale :

*H. 2 : [...] Il faut bien voir ce qui est : nous sommes dans deux
camps adverses. Deux soldats de deux camps ennemis qui s'affrontent (p. 45).*

Le caractère purement fantasmatique de l'affrontement
annule certes la « cruauté » des échanges, comme le fait
remarquer Sarraute :

*Où est la cruauté ici ? Il n'y a pas de cruauté : ces deux êtres
n'appartiennent pas au même univers, mais cela ne les empêchera
jamais d'être toujours prêts à se rendre service et à s'aider mutuel-
lement. Dans leur activité extérieure, ils demeureront toujours
beaucoup moins agressifs que ne le sont les gens dans la vie réelle.
Ce n'est qu'à l'intérieur que chacun est destructeur de l'autre*[2].

Mais le voyage fait par les personnages dans ce « for intérieur » ne pourra pas ne pas laisser, au bout du compte,
comme le souvenir d'un voyage chez les morts.

---

1. B. Bettelheim, *Psychanalyse des contes de fées*, trad. de Théo Car-
lier, Robert Laffont, 1976, p. 250.
2. *Nathalie Sarraute*, Seuil, 1991, p. 177.

MISE EN SCÈNE

Pour un oui ou pour un non est sans aucun doute la plus jouée des pièces de Nathalie Sarraute. Les bordereaux de la SACD permettent de repérer plus de six cents représentations professionnelles depuis sa création en France en 1986.

CRÉATION RADIOPHONIQUE

La pièce a été enregistrée, peu avant sa publication, pour Radio-France, dans une réalisation de René Farabet, avec Laurent Terzieff, Jean-Claude Jay, Danielle Girard et Jean Leuvrais. Elle a été diffusée le 13 décembre 1981.

CRÉATION THÉÂTRALE

Pour un oui ou pour un non fut créé en anglais, sous le titre *For no Good Reason*, le 29 mai 1985 par le Manhattan Theatre Club de New York, dans une mise en scène de Simone Benmussa, avec Max Wright, Stephen Keep, Marek Johnson et Michael Grodenchik.

D'abord prévue pour la saison 83-84 (*Magazine littéraire*, juin 1983), la création française n'eut finalement lieu, également dans une mise en scène de Simone Benmussa, que le 17 février 1986, dans la petite salle du Théâtre du Rond-Point. La distribution était la suivante :

H. 1 : Jean-François Balmer
H. 2 : Sami Frey
H. 3 : Dominique Ehlinger
F. : Christiane Desbois

Au cours du mois de mars, cependant, Jean-François Balmer et Sami Frey inversèrent leurs rôles et jouèrent alternativement H. 1 et H. 2 (changeant un soir sur deux). La pièce fut jouée jusqu'au 30 mars 1986.

Le spectacle fut repris dans la même salle le 4 novembre de la même année, et jusqu'au 8 janvier 1987. Il fut suivi d'une tournée à Londres et à Lyon, toujours en janvier 1987.

Par ailleurs, Simone Benmussa créa la pièce en catalan, sous le titre *Per un si o per un no*, le 14 octobre 1986 au Théâtre Poliorama de Barcelone, avec Josep Maria Flotats, Juanjo Puigcorbé, Conxita Bardem et Lluis Torner.

Les représentations du Petit Rond-Point furent très bien accueillies, la plupart des journalistes soulignant la force et la subtilité du théâtre de Sarraute. Ainsi Michel Cournot dans *Le Monde* du 28 février 1986 :

Si Nathalie Sarraute pétrissait de la farine et de l'eau, elle serait boulangère — l'une des dernières « boulangères à la main ». Non, elle est le dernier en date des écrivains à la main : elle pétrit de la parole et du silence.

À côté d'elle, les autres écrivains sont sourds. Ils manipulent les paroles à la va-vite, comme des trucs à jeter dès qu'on s'en est servi, ils sont efficaces et raisonnables. Mais Nathalie Sarraute, non. Chaque parole, si passagère soit-elle, elle en fait un drame. Aucune oreille, chez nous, n'est aussi susceptible. […]

La pièce, Pour un oui ou pour un non, *[…] est d'un comique gigantesque. Et en même temps, c'est une tragédie affreuse […].*

Orientés avec beaucoup de chaleur et de vraie présence d'esprit par leur metteur en scène S. Benmussa, J.-F. Balmer et S. Frey jouent cette pièce à la perfection, ainsi que C. Desbois et D. Ehlin-ger dans des rôles plus éphémères. C'est du grand théâtre, joué par de grands acteurs. C'est un événement majeur. Et comme le spec-tateur rit presque à chaque réplique, il a le bonheur d'atteindre les sommets sans souffrir : c'est la béatitude entière.

D'autres, comme Matthieu Galey, dans *L'Express Paris* du 28 février au 26 mars 1986, sont tout aussi enthousiastes :

Parce que H. 1, au détour d'une conversation, a commenté avec une certaine condescendance inconsciente — « C'est bien, ça » — une phrase de H. 2, la guerre est déclarée. L'escalade est inévi-table, la lutte de tranchées, la préparation d'artillerie, l'assaut, le corps à corps. Rien qu'avec des mots, choisis comme des flèches au curare, N. Sarraute vous anéantit une amitié en soixante minutes, ni plus ni moins. Du travail d'artiste, comme toujours, fulgurant, féroce, fragile et drôle, surtout quand il est réglé, comme ici, par S. Benmussa, avec une fidélité quasi filiale.

Plus de douze ans plus tard, le spectacle est repris à la Comédie des Champs-Élysées, avec la même distribu-tion (excepté Claire Duhamel qui joue F.), à partir du 25 octobre 1998. La pièce, jouée dans un grand théâtre privé, y connaît de nouveau le succès, alors même qu'elle vient d'être présentée pendant plus d'un mois au théâtre national de la Colline (voir *infra*, p. 71-73).

AUTRES MISES EN SCÈNE

Parmi les reprises notables, on retiendra les cinq repré-sentations de juillet 1986 au festival d'Avignon (qui réserva cette année-là une grande part de sa production officielle à Nathalie Sarraute) au cloître de la collégiale de Ville-neuve-lès-Avignon. La mise en scène de Michel Dumoulin réunissait Miloud Khétib, Jean-Pierre Vaguer, Michel Voïta et Suzel Goffre.

En septembre-octobre 1988, Jean-Jacques Dulon et

Raymond Acquaviva jouent l'œuvre dans une mise en scène de Jean-Jacques Dulon, au théâtre du Lucernaire, à Paris. Montée de manière très incarnée, mais sans excès, la pièce retrouve la scénographie à tendance réaliste de la version de Benmussa et de celle de Doillon (voir *infra*, p. 73). Tapis et fauteuil profond dessinent le cadre d'un espace intime et bourgeois.

Du 16 mars au 11 avril 1993, Élisabeth Chailloux monte à son tour *Pour un oui ou pour un non* au Théâtre des Quartiers d'Ivry, avec Olivier Bouana (H. 3), Luc Clémentin (H. 2), Marie-France Gantzer (F.) et François Lequesne (H. 1). Joué selon le style « clown », le spectacle est ainsi présenté par le metteur en scène (programme du T. Q. I.) :

Deux comédiens sur un plateau. Le texte de N. Sarraute, Pour un oui ou pour un non. *Et soudain… des personnages fêlés, insensés, de ceux qu'on appelle des « clowns » au théâtre quand on leur met une étiquette, nous prenaient à témoins de leur désaccord : l'un aurait dit à l'autre, un jour, sur un ton condescendant : « C'est bien… ça… »*

Alors nous avons ri. Les acteurs ont senti que nous avions vu et reconnu leurs personnages : H. 1 et H. 2, ces doubles désastreux, Tweedledee et Tweedledum, les frères ennemis, Auguste et le clown blanc… Ils ont pris un plaisir de plus en plus grand à nous en montrer les contradictions les plus cachées, les pensées les plus secrètes. Nous assistions à l'explosion d'une amitié, à une « lutte à mort ». Et ce jeu excessif, violent, renvoyait à la réalité la plus intime du texte.

Du 9 au 25 octobre 1997, Francis Azéma présente sa version de la pièce au Grenier-Théâtre de Toulouse, poursuivant une exploration des œuvres dramatiques de l'auteur commencée l'année précédente, avec des représentations du *Silence* et de *Elle est là*. Le metteur en scène, qui joue H. 2 (Denis Rey joue H. 1), choisit de faire des personnages deux comédiens qui se retrouvent dans un théâtre (H. 2 est en train de terminer les réglages de son prochain spectacle quand H. 1 lui rend visite).

Outre la reprise de la mise en scène de Benmussa à l'automne 1998, il convient enfin d'évoquer la mise en scène de Jacques Lassalle, présentée du 10 septembre au 31 octobre de la même année au théâtre national de la Colline. Après avoir inscrit *Le Silence* et *Elle est là* au Répertoire de la Comédie-Française en 1993, Lassalle prétend, dans sa présentation du spectacle, avoir trouvé dans la pièce le prolongement de sa propre recherche :

La découverte tardive de l'œuvre et du théâtre de Nathalie Sarraute a été l'occasion, non pas seulement d'une seconde naissance, mais aussi la confirmation qu'un autre que moi était engagé dans la même quête, ce qui donnait à la mienne un peu plus de légitimité et un peu plus de détermination dans la volonté de la poursuivre.

Dans le programme, il précise :

Une parole devant nous est « en travail ». Elle accouche en douceur ou au forceps suivant le cas. Puis à peine née, elle finit de s'expulser, se démène, s'épanche, se déploie, se démultiplie, s'invente d'indispensables partenaires, des créatures à son image, que tour à tour elle rudoie, caresse, mord puis abandonne. Elle advient, elle croît, elle prolifère, elle submerge. Cette parole écoutez-la bien, c'est la vôtre, la nôtre. Elle s'expulse de nous. Et elle rit, elle rit à pleurer, à perdre souffle, de tout le mal qu'elle se donne pour venir au jour et dire l'incorrigible angoisse, le farcesque tumulte, l'infini grouillement de nos pensées antérieures [...].

La distribution est la suivante :

H. 1 : Jean-Damien Barbin
H. 2 : Hugues Quester
H. 3 : Nicolas Bonnefoy
F. : Véronique Alain

La particularité de la mise en scène de Jacques Lassalle est sans doute le traitement réservé à H. 2. Alors que chez

Simone Benmussa, H. 1 et H. 2 étaient traités à parité
(comme en témoignait l'échange de rôle un temps prati-
qué par Jean-François Balmer et Sami Frey), Jacques Lassalle présente un H. 2 dont l'hypersensibilité est poussée
jusqu'à l'hystérie : tandis qu'il se défend d'appartenir à
une quelconque catégorie connue, nommée, classée (« en
tout cas on n'est pas sur vos listes », p. 39), il brandit vio-
lemment une chaise au-dessus de sa tête ; à l'évocation des
manuscrits qu'il tiendrait cachés quelque part chez lui
(p. 47), il se rue dans sa chambre et revient sur la scène
jeter furieusement draps et couvertures. Le décor est plus
sobre : une pièce aux murs, sol et plafond blancs ; une
fenêtre derrière laquelle on voit la façade d'un immeuble
hausmannien ; une chaise, un fauteuil, une table, le tout
en bois, meublent un intérieur austère, qui rappelle le
stylite sur sa colonne ou le moine dans sa cellule évo-
qués ironiquement par H. 2 (p. 38). Tous les objets pré-
sents sur scène servent (jusqu'à la lampe manipulée
rageusement pour interroger l'ami, l'ennemi)… sauf la
machine à écrire, sagement rangée contre un mur — signe
insistant de l'impuissance de H. 2 à produire l'œuvre rêvée
par H. 1 ?

La presse accueille favorablement le spectacle, et plus
d'un article parle du « sacre de Nathalie Sarraute » :

Pour un oui ou pour un non *est une pièce si miraculeuse
qu'elle s'accommode presque de toute mise en scène. Celle de J. Lassalle est au fil du rasoir, belle et nette, comme il fait souvent, du
cristal dans l'air comme après la pluie. […] J.-D. Barbin, acteur
de souple finesse, nous fait bien toucher l'élégance du dehors et les
noirs tréfonds de H. 1. H. Quester est poignant en H. 2, bien que
le metteur en scène lui ait fait, si c'est lui, mettre trop l'accent sur
l'aspect « gros balourd » qu'indique, juste en passant, l'auteur*
(M. Cournot, Le Monde, *15 septembre 1998*).

J. Lassalle s'est laissé envahir par la pulsion du sismographe
extrasensible qu'est l'écriture de Sarraute. Donc la vie est là ; ni du
tout simple, ni du tout tranquille. Le décor clair d'un pâle rosé-

gris ouvre par une fenêtre sur un fond de cour aussi mélancolique
qu'un puits : espace aux obliques splendides signé Rudy Saboun-
ghi, avec porte vers le dehors des « gens normaux » et autre porte
vers l'antre d'H. 2, son « for intérieur » (M. La Bardonnie, Libération, *22 septembre 1998*).

Seule fausse note, peut-être, un article de J.-P. Han
hésite sur la réussite du spectacle :

> *[…] sans doute faut-il des interprètes de tout premier ordre pour*
> *lui donner vie [à l'univers de Sarraute]. On ne s'étonnera pas de*
> *savoir que Claude Régy, en son temps, s'y attaqua. On ne s'étonne*
> *pas de voir Jacques Lassalle y revenir. Pour gagner son pari ?*
> *Peut-être que oui peut-être que non. Peut-être que oui parce que la*
> *représentation est, en quelque sorte, cadrée, jouée avec saveur et*
> *gourmandise […]. Nous sommes devant des virtuoses qui nous*
> *présenteraient toute la gamme des interprétations possibles et ima-*
> *ginables de leur partition. Peut-être que non, précisément en rai-*
> *son de cette virtuosité qui nous laisse à l'extérieur de l'exercice […]*
> (Témoignage chrétien, *1ᵉʳ octobre 1998*).

FILM

En 1988, Jacques Doillon a réalisé un film dans lequel
Jean-Louis Trintignant et André Dussolier interprètent
respectivement H. 1 et H. 2, tandis que Pierre Forget
et Joséphine Derenne jouent H. 3 et F. (coproduction
I.N.A./Lola Films/La Sept, avec la participation du C.N.C.).
Ce film de 58 minutes, qui a déjà connu plusieurs rediffu-
sions à la télévision, a beaucoup fait pour la popularité de
la pièce, servie par une interprétation sobre et une scénographie relativement dépouillée, ainsi que par la person-
nalité du réalisateur et des principaux interprètes.

BIBLIOGRAPHIE SOMMAIRE

1. ÉDITIONS DE *POUR UN OUI OU POUR UN NON*

Pour un oui ou pour un non, pièce, Gallimard, 1982.
Théâtre : Pour un oui ou pour un non, Elle est là, C'est beau, Isma, Le Mensonge, Le Silence, Gallimard, coll. « Blanche », 1993.

2. AUTRES ŒUVRES DE NATHALIE SARRAUTE

Nous indiquons la première édition (hors première parution en revue), puis le numéro de la collection Folio lorsque le texte y est disponible.
Tropismes, Denoël, 1939 (rééd. Minuit, 1957).
Portrait d'un inconnu (préface de Jean-Paul Sartre), Éditions Robert Marin, 1948 (Folio n° 942).
Martereau, Gallimard, 1953 (Folio n° 136).
L'Ère du soupçon, Gallimard, 1956 (Folio essais n° 76).
Le Planétarium, Gallimard, 1959 (Folio n° 92).
Les Fruits d'or, Gallimard, 1963 (Folio n° 390).
Le Silence suivi de *Le Mensonge*, Gallimard, 1967 (*Le Silence* : Folio théâtre n° 5).
Entre la vie et la mort, Gallimard, 1968 (Folio n° 409).
Isma ou Ce qui s'appelle rien suivi de *Le Silence* et *Le Mensonge*, Gallimard, 1970.
Vous les entendez ?, Gallimard, 1972 (Folio n° 839).

«*disent les imbéciles*», Gallimard, 1976 (Folio nº 997).

Théâtre : Elle est là, C'est beau, Isma, Le Mensonge, Le Silence, Gallimard, 1978.

L'Usage de la parole, Gallimard, 1980 (Folio nº 1435).

Enfance, Gallimard, 1983 (Folio nº 1684).

Paul Valéry et l'Enfant d'Éléphant suivi de *Flaubert le précurseur*, Gallimard, 1986.

Tu ne t'aimes pas, Gallimard, 1989 (Folio nº 2302).

Ici, Gallimard, 1995 (Folio nº 2994).

Ouvrez, Gallimard, 1997 (Folio nº 3294).

Les *Œuvres complètes* de Nathalie Sarraute sont parues en 1996 dans la Bibliothèque de la Pléiade (édition critique sous la direction de Jean-Yves Tadié, avec la collaboration de Viviane Forrester, Ann Jefferson, Valerie Minogue et Arnaud Rykner). Le volume ne comprend pas *Ouvrez*, paru l'année suivante.

Les œuvres de Nathalie Sarraute sont traduites dans plus de trente pays.

3. ÉTUDES GÉNÉRALES SUR L'ŒUVRE DE NATHALIE SARRAUTE

Thèses et essais

Asso, Françoise, *Une écriture de l'effraction*, Presses Universitaires de France, coll. «Écrivains», 1995.

Calin, Françoise, *La Vie retrouvée. Étude de l'œuvre romanesque de Nathalie Sarraute*, Minard, 1976.

Clayton, Alan J., *Nathalie Sarraute ou le Tremblement de l'écriture*, Minard, 1989.

Cranaki, Mimika, et Belaval, Yvon, *Nathalie Sarraute*, Gallimard, 1965.

Micha, René, *Nathalie Sarraute*, Éditions Universitaires (Classiques du xxᵉ siècle), 1966.

Minogue, Valerie, *Nathalie Sarraute and the War of the Words*, Edinburgh University Press, 1981.

Newman, Anthony S., *Une poésie des discours. Essai sur les romans de Nathalie Sarraute*, Droz, 1976.

Pierrot, Jean, *Nathalie Sarraute*, José Corti, 1990.

Raffy, Sabine, *Sarraute romancière. Espaces intimes*, Peter Lang, New York, 1988.

Rykner, Arnaud, *Nathalie Sarraute*, Éditions du Seuil (Les Contemporains), 1991.

Temple, Ruth Z., *Nathalie Sarraute*, Columbia University Press, 1968.

Tison-Braun, Micheline, *Nathalie Sarraute ou la Recherche de l'authenticité*, Gallimard, 1971.

Numéros spéciaux consacrés à Nathalie Sarraute

Magazine littéraire, n° 196, juin 1983.

L'Arc, n° 95, 1984.

Digraphe, n° 32, mars 1984.

Revue des sciences humaines, n° 217, 1990.

L'Esprit créateur, vol. XXXVI, n° 2, 1996.

Roman 20-50, n° 25, juin 1998.

4. ARTICLES ET ESSAIS SUR LE THÉÂTRE DE NATHALIE SARRAUTE

Besser, Gretchen R., « Nathalie Sarraute : *Pour un oui ou pour un non* », *The French Review*, vol. 57, avril 1983.

Cagnon, Maurice, « Les pièces de Nathalie Sarraute : voix et contrevoix », *Bulletin des jeunes romanistes*, n° 20, juin 1974.

Daubenton, Annie, « Les faits divers de la parole », *Nouvelles littéraires*, n° 2719, 10-17 janvier 1980, entretien avec Nathalie Sarraute et Claude Régy.

Martinoir, Francine de, « À la naissance même du drame », *La Quinzaine littéraire*, 16-31 mars 1982.

Régy, Claude, « Nathalie Sarraute : un théâtre d'action. *C'est beau* : un théâtre de la violence », *Cahiers Renaud-Barrault*, n° 89, 1975.

Rykner, Arnaud, *Théâtres du Nouveau Roman — Sarraute, Pinget, Duras,* José Corti, 1988.

—, « Théâtre et exorcisme. Les écorchés de la parole », *Poétique,* n° 102, 1995.

—, « Nathalie Sarraute et le théâtre », in *Nathalie Sarraute. Portrait d'un écrivain,* textes réunis par Annie Angremy, catalogue de l'exposition de la Bibliothèque nationale de France, 1995.

Sadowska-Guillon, Irène, « À la recherche du temps présent », *Acteurs,* n° 34, mars 1986, entretien avec Nathalie Sarraute.

Vinaver, Michel, « *Pour un oui ou pour un non* », in *Écritures dramatiques. Essais d'analyse de textes de théâtre,* Actes Sud, 1993.

Zetner, Gerda, « Quelques remarques sur l'"art dramatique" de Nathalie Sarraute », *Digraphe,* n° 32, mars 1984.

NOTES

Page 25.

1. « Ce qui s'appelle rien » est le sous-titre d'*Isma*. Mais l'expression apparaît comme un *leitmotiv* des œuvres de Nathalie Sarraute. Dans *Martereau*, on peut lire par exemple :

Ce n'était rien, ce qui s'appelle rien... juste quelque chose peut-être, au moment où mon oncle s'est dressé pour partir, dans la façon dont sur leur prière... [...] un acquiescement un peu trop prompt où perçait une froide détermination, une résignation (mal joué, tant pis, rien à faire : ils n'ont pas encore reçu leur dû, ils demandent un supplément, c'est de bonne guerre, il faut payer sans sourciller)... (Folio, p. 189-190).

Page 26.

1. Un passage d'*Entre la vie et la mort* tournait déjà autour de cette formule et de l'intonation relevée par H. 2 (voir la notice, p. 62).

Page 27.

1. Ces « gens normaux » hantent les œuvres de Nathalie Sarraute. Ils sont toujours prêts à juger les tropismes à l'aune de leur « bon sens », et sont toujours là pour canaliser les émotions des autres (comme les voix de *C'est beau* ou les « gens très compétents » de *Elle est là*, in *Œuvres complètes*, Bibl. de la Pléiade, p. 1458 et 1484).

Page 29.

1. Image récurrente de l'imaginaire sarrautien, qui transforme le porteur de tropisme en lilliputien manipulé dédaigneusement par un géant. Voir *Tropismes* (in *Œuvres complètes*, Bibl. de la Pléiade, p. 22), *Le Planétarium* (Folio, p. 167), *Les Fruits d'or* (Folio, p. 117), *Tu ne t'aimes pas* (Folio, p. 189).

Page 36.

1. Cf. *Tu ne t'aimes pas* :

— [...] *Quelles pièces de théâtre, quels films peuvent nous offrir des scènes comparables à celles-là ?*
— *Quand ils étalent devant nous leur Bonheur...*
— *Et que chez nous rien ne bouge... [...] pas trace d'envie...*
— *Pourtant, pendant une de ces représentations...*
— *Oui, les mains des amoureux qui ostensiblement devant nous se tendent, se serrent... leur regard qui sous nos yeux s'enfonce, se perd l'un dans l'autre... Et nous nous amusons en les observant... c'est pour nous qu'ils dressent cet étalage... une belle vitrine où ils exposent leur bonheur...* (« Vingt ans de bonheur », Folio, p. 65).

Dans un article d'abord paru en 1970 dans un journal japonais, puis repris sous le titre « Le Bonheur de l'homme » dans la revue *Digraphe* (n° 32, 1984, p. 58-62), l'écrivain explique :

[Le bonheur] ne peut être en effet qu'un mirage, un rêve — incompatible avec tout ce que nous connaissons de la réalité de notre vie psychique et de ses lois. Cette vie, on le sait bien, n'est que fluidité, mouvance, écoulement ininterrompu de sensations agréables ou pénibles venues de toutes parts [...] — et tous ces mouvements innombrables, le plus souvent insaisissables ne peuvent qu'au prix d'une mutilation être fondus, confondus, pour être coulés dans un moule qui pourrait sans tricherie, comme s'il était empli d'une substance homogène, porter une étiquette sur laquelle on inscrirait le mot « bonheur ».

Ce n'est donc pas la sensation de bien-être qui est visée, mais la façon dont le mot la fige, la tue, la rend extérieure et fausse, exposable sur un bel «étalage» comme ceux de H. 1. Le «Malheur» suit le même sort : voir *Vous les entendez?* («Oui, des malheurs. Des vrais. Reconnus. Catalogués. Classés. Inscrits sur fiches», Folio, p. 66), *Enfance* («"Quel malheur !"... le mot frappe, c'est bien le cas de le dire, de plein fouet. Des lanières qui s'enroulent autour de moi, m'enserrent...», Folio, p. 121) et *Ici* (Folio, p. 113-119).

Page 37.

1. Dans «*disent les imbéciles*», Nathalie Sarraute avait déjà testé l'efficacité de ce mot, arme «la plus efficace de leur arsenal» : «Il suffit de le dire : "jaloux". L'énorme machinerie [...], d'un seul coup, sans qu'il puisse expliquer pourquoi, lui fait monter le sang à la tête, son visage rougit... "Jaloux? Moi !"» (Folio, p. 16).

Page 38.

1. Allusion, bien sûr, au conte de Grimm, *Blanche-Neige et les sept nains*, où le miroir de la reine lui rappelle obstinément l'existence d'une beauté qui surpasse la sienne :

> *Dame la reine, ici vous êtes la plus belle,*
> *Mais Blanche-Neige sur les monts*
> *Là-bas, chez les sept nains,*
> *Est plus belle que vous, et mille fois au moins.*

Sur la référence au conte, voir aussi la notice, p. 63.

Page 40.

1. *Sagesse*, III, VI. Voir aussi «*disent les imbéciles*» : «Qu'on est donc bien ici. Qu'il fait bon ici. [...] La vie est là, en chair et en os...» (Folio, p. 74). Dans *Le Planétarium*, «La vie est là» sert également de refrain, avant de nous faire basculer de Verlaine à Rimbaud avec un «La vie est

ailleurs » qui clôt le mouvement (Folio, p. 157). Sur Rimbaud, voir note 1, p. 45.

Page 42.

1. Chez Verlaine c'est l'arbre que l'on voit par-dessus le toit — et non un « petit mur ». Le détail n'est pas sans importance : tout laisse penser que la référence à Verlaine cache un autre souvenir, celui du « petit pan de mur » du tableau de Vermeer, *Vue de Delft*, devant lequel meurt Bergotte, dans *La Prisonnière* de Proust (Folio classique, p. 176-177). Les petits « riens » sarrautiens, qui constituent le fondement de la « vie », fonctionnent toujours à la façon de ce petit pan, sorte de trou au cœur de la représentation, par lequel fuit le bel ordre du discours (voir aussi le passage d'*Enfance* où le narrateur s'oublie devant « le petit mur rose » et les fleurs du Luxembourg, Folio, p. 67).

2. Cf. *Entre la vie et la mort* : « Ah ils sont beaux, ces "créateurs", ces "artistes", ces "poètes"… les guillemets rigides et lourds sonnent comme les fers des condamnés… » (Folio, p. 119).

Page 43.

1. « Voilà le point » : il ne s'agit pas d'une citation mais d'une expression chère à l'auteur qui la calque sur l'anglais « That's the point ».

2. Rappelons, pour l'anecdote, que Nathalie Sarraute fut une grande adepte de l'alpinisme. En 1923, elle monta au sommet du mont Blanc et se vit pour cela délivrer un diplôme, tant la chose était encore peu courante. C'est l'année suivante qu'elle escalada la barre des Écrins.

Page 45.

1. On sait pourtant, depuis Rimbaud, que « la vraie vie est absente » (« La vraie vie est absente. Nous ne sommes pas au monde », *Une saison en enfer*, Délires I, « Vierge folle », Folio classique, p. 188).

RÉSUMÉ

Deux amis se retrouvent après être restés quelque temps éloignés. Le premier, H. 1, s'inquiète de cette distance que le second, H. 2, semble avoir voulu mettre entre eux. Il veut savoir la cause de la silencieuse déréliction d'une amitié pourtant si ancienne et si profonde. H. 2 nie, tout d'abord. Il refuse de reconnaître le refroidissement de leur relation. Mais H. 1 le pousse dans ses retranchements. Il a beau dire que «ce n'est rien, ce qu'on appelle rien», il faut bien qu'il y ait eu quelque chose. Lorsque H. 2 finit par céder, il avoue avoir voulu rompre avec son ami le jour où celui-ci, tandis qu'il se vantait d'un petit succès sans importance, lui a répondu : «C'est bien, ça», ou plutôt : «C'est biiien... ça...», avec un accent sur le «bien» et un suspens avant le «ça». Une telle confession, la révélation d'une décision si grave pour une raison apparemment si dérisoire, met en branle la machine infernale. Pour se justifier, H. 2 devra faire défiler toutes les rancœurs amassées depuis le premier jour; il devra présenter toutes les preuves versées à un procès déjà perdu et dont il est ressorti et ressortira toujours immanquablement condamné. Il est «Celui qui rompt pour un oui ou pour un non», l'hypersensible à qui l'on ne peut se fier. Aux yeux de H. 1, sans doute n'est-il même qu'un «raté», un faux «poète» qui ne se tient à l'écart des autres que par incapacité à se fixer dans le monde. Inversement, H. 1 n'est pour lui qu'un « poseur » qui étale sa réussite au regard de tous, un « béotien » incapable d'accueillir la « vraie vie ».

En moins d'une heure, une amitié finit de se décomposer dans le rire et la fureur dionysiaques de deux êtres qui ne se connaissent plus. Pour un « oui » ou pour un « non », ils piétinent ce qui les unissait.

COLLECTION FOLIO THÉÂTRE

Composition Interligne.
Impression Bussière à Saint-Amand (Cher),
le 10 janvier 2001.
Dépôt légal : janvier 2001.
1er dépôt légal dans la collection : septembre 1999.
Numéro d'imprimeur : 10852.

ISBN 2-07-040751-9./Imprimé en France.